蔡志忠作品

漫畫中國經典系列之二

漫畫 史記・世說新語

Records of the Grand Historian / New Account of World Tales in Comics

目錄《漫畫史記》

目錄《漫畫世說新語》

漫畫史記

司馬遷的一生

司馬遷的一生
漢景帝中元五年，西元前一四五年，司馬遷生於龍門。
父親司馬談於建元元年（西元前一四〇年）任太史令，全家移居茂陵顯武里。
茂陵是武帝爲自己所建的陵墓，離首都長安三十公里。
爲營建茂陵，武帝強迫豪商移居此處，形成一新興都市。
這裡住滿了各式各樣的人，遊俠郭解也曾被迫移居於此。

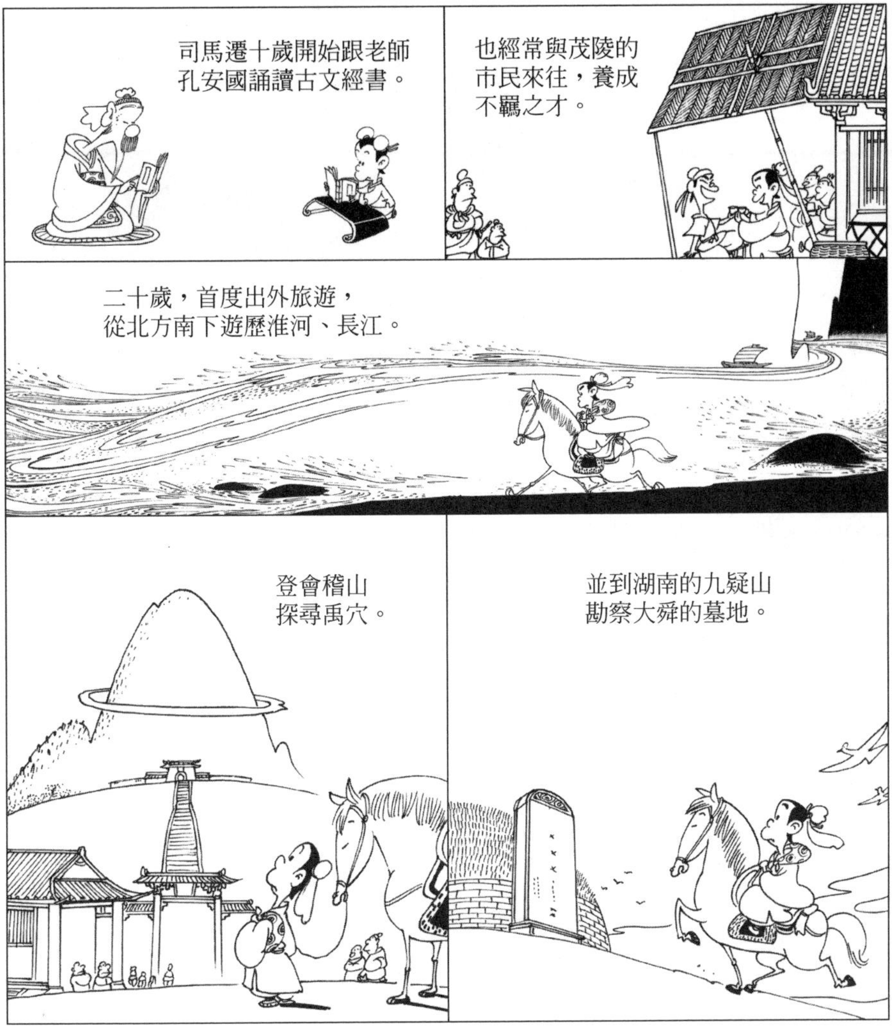
司馬遷十歲開始跟老師
孔安國誦讀古文經書。
也經常與茂陵的
市民來往，養成
不羈之才。
二十歲，首度出外旅遊，
從北方南下遊歷淮河、長江。
登會稽山
探尋禹穴。
並到湖南的九疑山
勘察大舜的墓地。

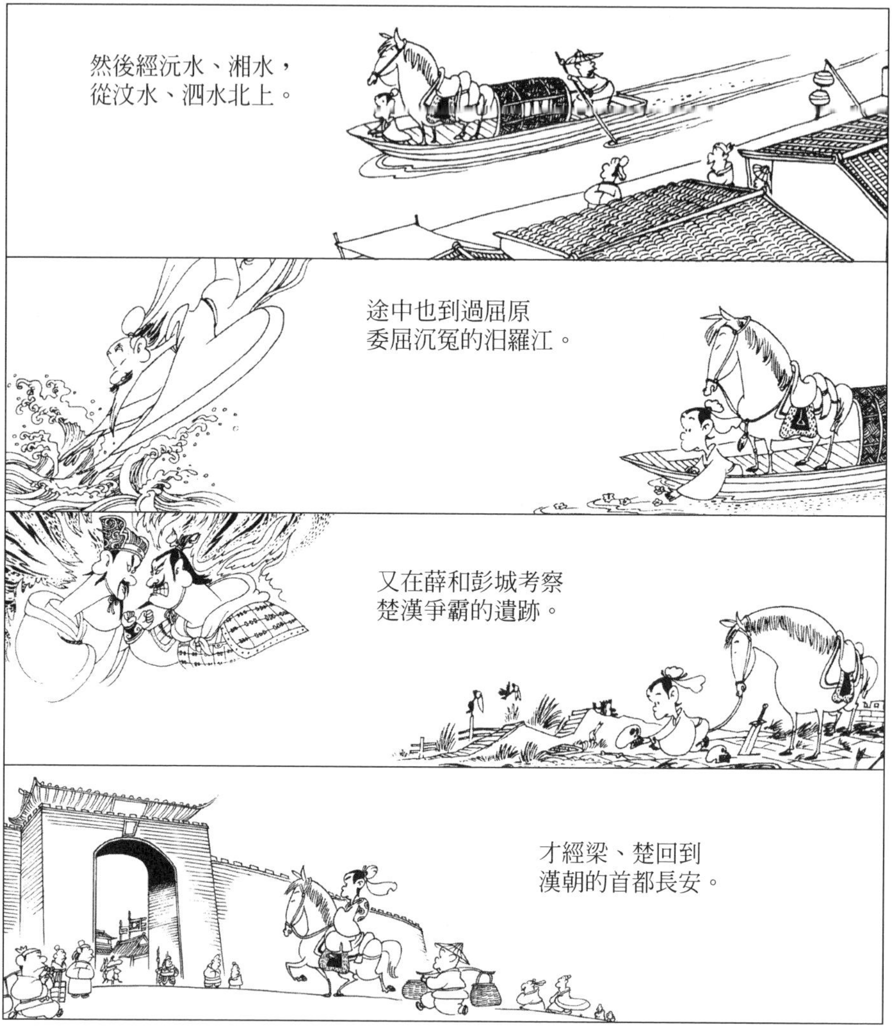
然後經沅水、湘水，
從汶水、泗水北上。
途中也到過屈原
委屈沉冤的汨羅江。
又在薛和彭城考察
楚漢爭霸的遺跡。
才經梁、楚回到
漢朝的首都長安。

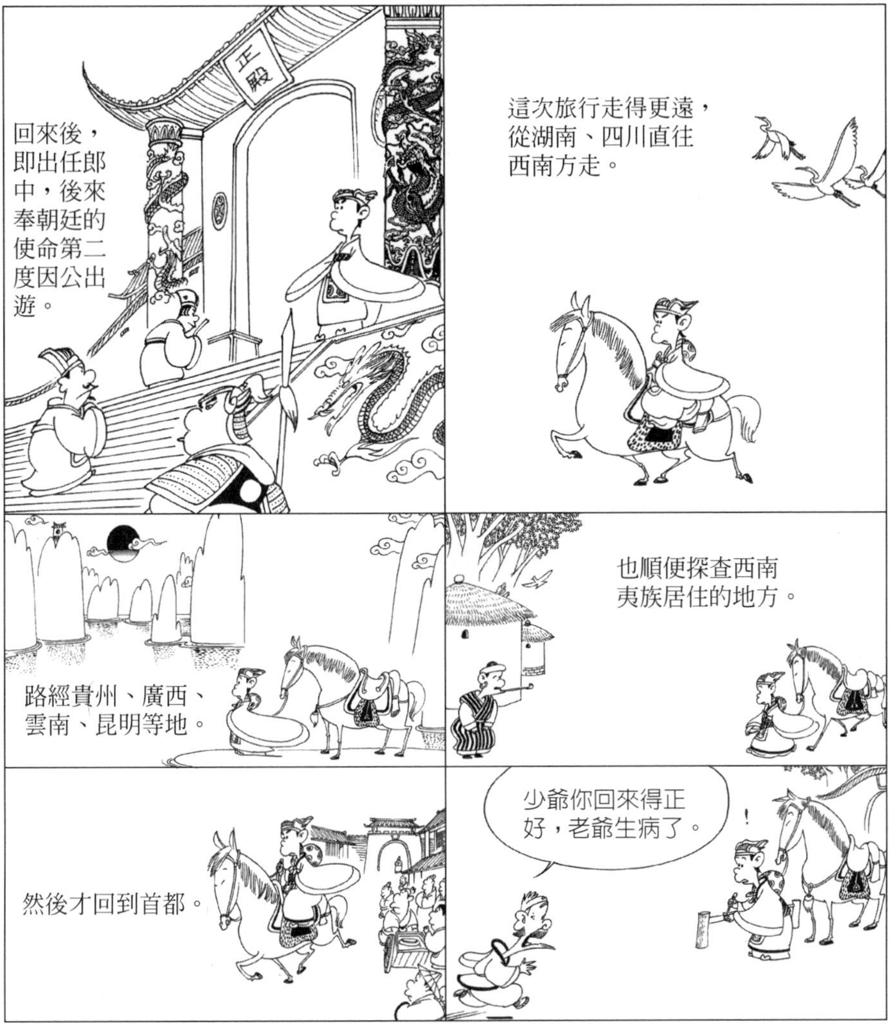
正殿
回來後，即出任郎中，後來奉朝廷的使命第二度因公出遊。
這次旅行走得更遠，從湖南、四川直往西南方走。
路經貴州、廣西、雲南、昆明等地。
也順便探查西南夷族居住的地方。
然後才回到首都。
少爺你回來得正好，老爺生病了。
!

爹！
爹！
呼呼
呼呼
從先代以來，我們司馬家一直是做太史，主管天官事物，功名顯赫，但現在祖業將會斷送在我手中。
爹……
如今皇上封祭泰山，此等祭祀天地的大典，身居太史令卻不能參與此事，真是一件奇恥大辱，真不甘心啊……

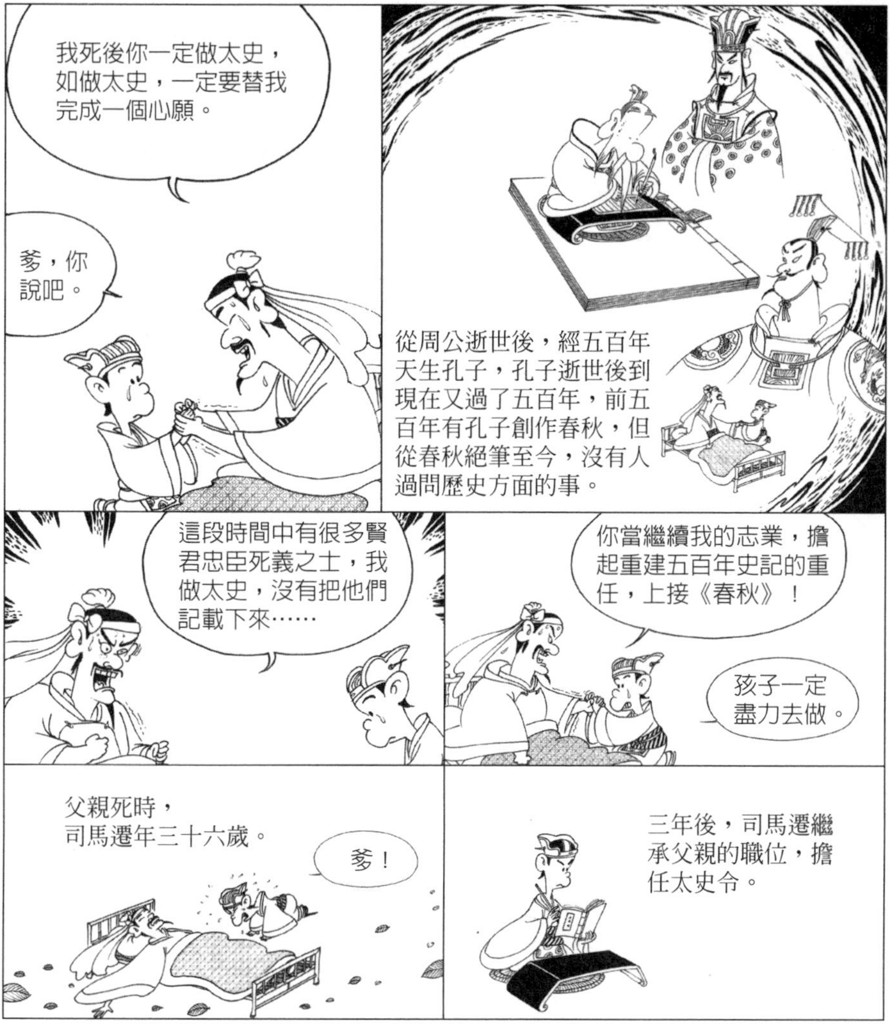
我死後你一定做太史，
如做太史，一定要替我
完成一個心願。
爹，你
說吧。
從周公逝世後，經五百年
天生孔子，孔子逝世後到
現在又過了五百年，前五
百年有孔子創作春秋，但
從春秋絕筆至今，沒有人
過問歷史方面的事。
這段時間中有很多賢
君忠臣死義之士，我
做太史，沒有把他們
記載下來……
你當繼續我的志業，擔
起重建五百年史記的重
任，上接《春秋》！
孩子一定
盡力去做。
父親死時，
司馬遷年三十六歲。
爹！
三年後，司馬遷繼
承父親的職位，擔
任太史令。

由於這個職位，他
可以自由披覽宮中
所藏的各種紀錄和
各種文獻。
太初元年
（西元前一〇四年）
司馬遷即利用公餘
開始提筆撰寫《史記》。
五年後，司馬遷四
十七歲時，突然遭
到屈辱性變化的
「李陵事件」。
由於李廣、衛青、霍去病等討伐匈奴非
常成功，是漢武帝對外擴張政策最輝煌
時期，但後來用外戚李廣利爲征匈奴的
主角時，成果卻不豐碩。
漢
李陵是神箭飛將軍李廣的孫子，
他奉令跟隨李廣利至祁連山討伐匈奴。
漢
李陵，你帶步兵
五千去分散匈奴
的主力部隊。
是。

但是，李陵卻遭遇到
單于的八萬主力部隊！
漢
經過八天的苦鬥，漢
軍兵矢既盡，士死過
半，而殺傷匈奴亦萬
餘人。
在彈盡援絕之下，
李陵只好投降匈奴。
降
李陵敗降匈
奴的消息傳
回京師後，
武帝大怒。
李陵戰敗應該
一死以謝罪。

對啊，怎麼可以向匈奴投降呢？
太對不起聖上了。
聽說還替匈奴訓練軍隊呢！
你們這樣說李陵，太不公平了。
聖上，李陵提步卒不滿五千，深入虎口與單于連戰十日，殺敵上萬，但矢盡道窮，救兵不至，士卒盡沒，因而投降實在是無可奈何的事。

事實上最大的錯誤是對匈奴的政策，根本不應該用武力……
你好大膽，敢批評我的政策，判你死刑！
！
可惡……可惡……
我不能死啊……不能死啊！
死刑！
死刑！
死刑！
死刑！
死刑！

當時，被處死刑有兩種方法可免於死。一種是以金錢贖罪，可是司馬遷家貧，貨賂不足以自贖；交遊莫救，左右親近不為一言。
第二種方法是接受「宮刑」割切生殖器。這種刑罰一般讀書人都寧死不願接收的，但是……
不能死啊！
父親！我答應你一定挑起五百年史記重建的重任！
遺命未完成怎能死。
司馬遷！考慮好了沒有？你決定選擇哪一條路？
我選擇宮刑！
請動手吧！

哇——
人生不如意之事十常八九。
過去有很多人跟我一樣遭到不幸，他們不是克服了不幸，完成了不朽名著嗎？
從前文王不是被拘在羑里時，才推演《周易》的嗎？孔子不是被困陳蔡之間才作《春秋》的嗎？

國語
屈原被放逐到江南，
著了《離騷》；
左丘明失明後，
編撰了《國語》。
孫臏被切掉膝蓋骨，
自作《兵法》，呂不
韋流放到蜀地，作了
《呂氏春秋》。
這些不朽名家，
他們不都是內心積憤，
沒有發洩的地方，
所以才敘述往事，
好讓後人警惕的嗎？
韓非子不是被秦國囚禁，
才著有《說難》、《孤憤》
等名篇的嗎？

於是司馬遷克服了宮刑的恥辱，繼續著作《史記》，從堯舜開始，到漢武帝獲白麟那一年止，記述這兩千多年的歷史。
約在西元前九一年，《史記》終於完成了，全部共一百三十卷，由本紀、表、書、世家、列傳五部分組構而成。
《史記》可說是部由不同人物集體組合而成的史書，同時也勾勒出數千年來時代的變遷，更是一部精美的文學作品。因此在中國史學或文學史上，《史記》都具有里程碑的重要地位。
史記

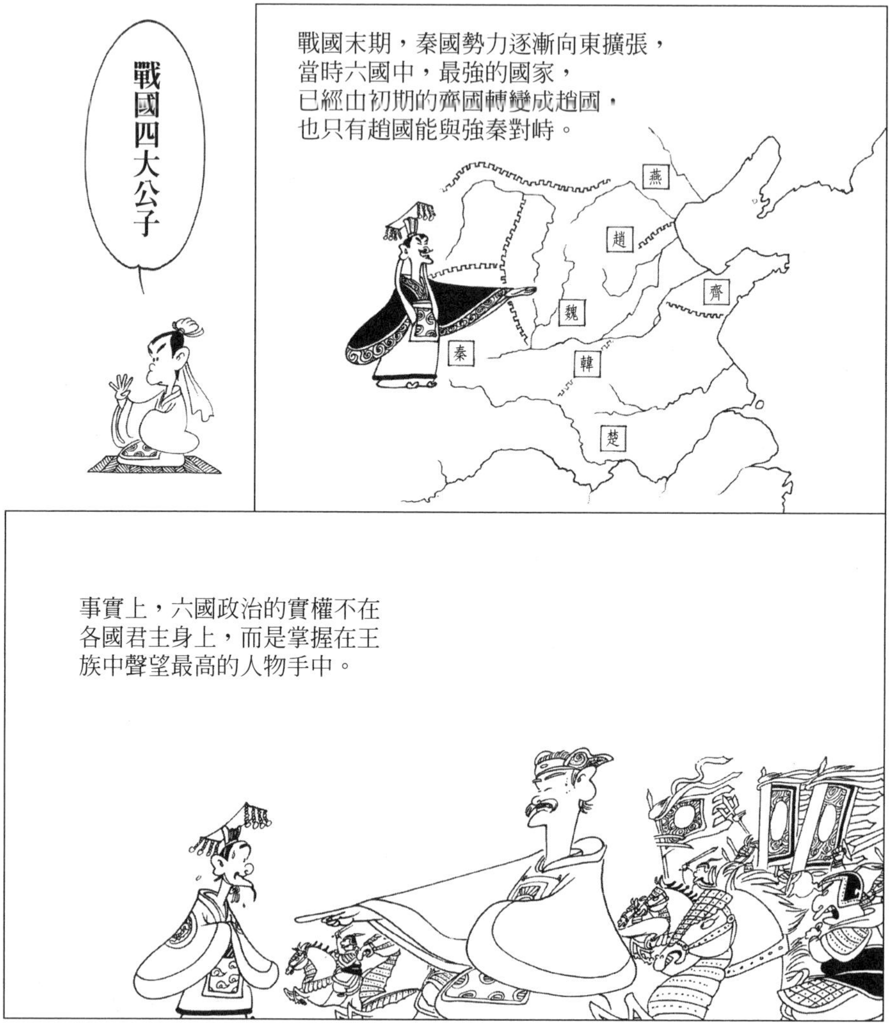
戰國四大公子
戰國末期，秦國勢力逐漸向東擴張，
當時六國中，最強的國家，
已經由初期的齊國轉變成趙國，
也只有趙國能與強秦對峙。
燕
趙
齊
魏
秦
韓
楚
事實上，六國政治的實權不在
各國君主身上，而是掌握在王
族中聲望最高的人物手中。

這些門閥中，最傑出的是：
齊國孟嘗君，趙國平原君，
魏國信陵君，楚國春申君，
世稱爲戰國四公子。

孟嘗君

孟嘗君
田嬰是齊威王的兒子，齊宣王的弟弟。
齊
田嬰在齊國當了十一年宰相，湣王即位後，封田嬰於薛。他一共有子四十多個……
爸爸
爸爸
爸爸
爸爸
不可留下這孩子，把他殺掉。
是。
他有位卑賤的妾生了一個兒子，名叫田文，是五月五日出生的。
可是田文的母親愛子心切，便暗中把他撫養長大，有一天……
這是你爹，快叫他！
爹！
！
啊！

我不是叫妳不要留下這孩子嗎？怎麼又偷偷把他養大！
爹只因我是五月五日出生就不要我活，是什麼理由呢？
五月五日生的孩子長到門楣高時，會剋死當父親的，所以不能養！
人的生命是受之於天？還是受之於門呢？
如果受命於天，父親何必憂慮呢？如果是受命於門，把門楣加高就是了啊！
算了，算了，妳就留下他吧！
謝謝你！

玄孫之孫爲何
孟嘗君長大後，非常機智聰明。
爹，兒子的兒子叫什麼？
孫子。
孫子的孫子叫什麼？
玄孫。
玄孫的孫子叫什麼？
不知道。

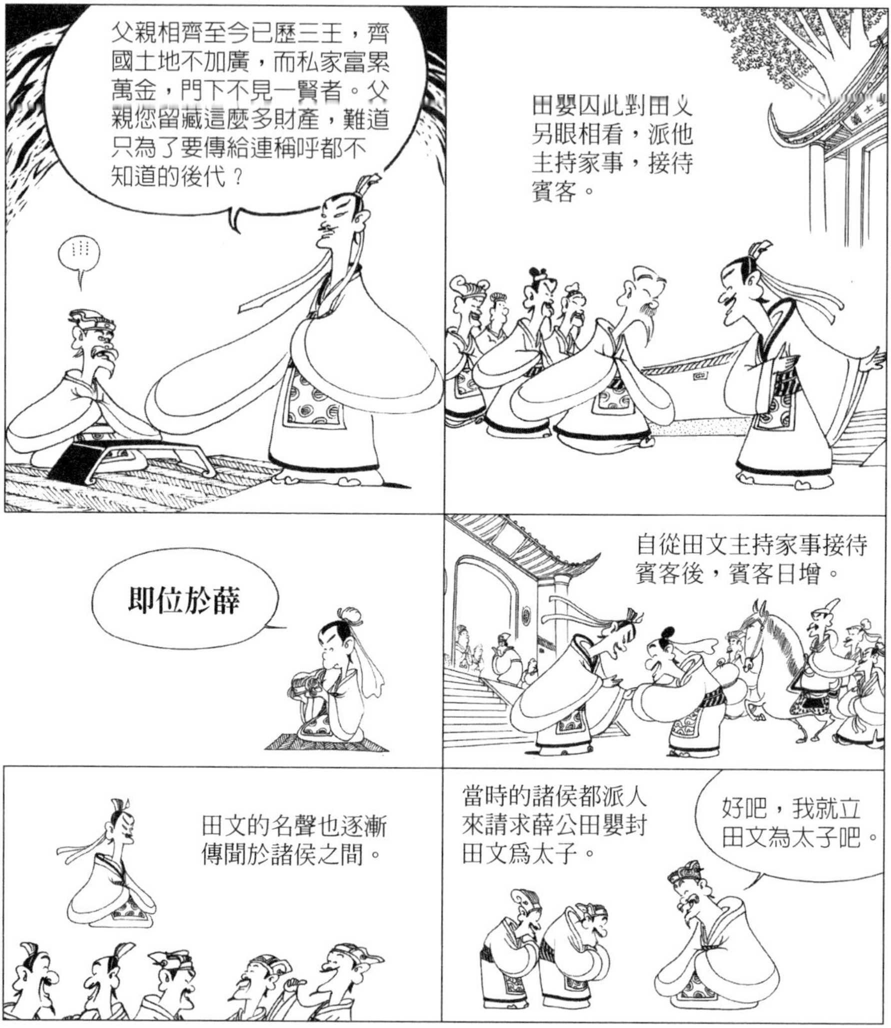
父親相齊至今已歷三王，齊國土地不加廣，而私家富累萬金，門下不見一賢者。父親您留藏這麼多財產，難道只為了要傳給連稱呼都不知道的後代？
田嬰因此對田文另眼相看，派他主持家事，接待賓客。
即位於薛
自從田文主持家事接待賓客後，賓客日增。
田文的名聲也逐漸傳聞於諸侯之間。
當時的諸侯都派人來請求薛公田嬰封田文爲太子。
好吧，我就立田文為太子吧。

田嬰死後，諡爲靖郭君。
而田文果然在薛即位，是爲孟嘗君。
孟嘗君在薛延攬賓客，不分貴、賤，完全平等相待。
客無所擇
你自己吃美食，而讓我們吃糟糠，這樣如何叫我們效忠於你？

你看錯了，我自己吃的食物跟你們吃的並沒兩樣啊！
啊。
我以小人之心度君子之腹，只好一死以謝罪。
從此，風聞而來的賓客更加多了，竟達數千人。
高級手法
孟嘗君對於羅致賓客很有一套，他招待賓客時，屏風後常有位書記記錄談話內容。
你現在住在哪裡？
目前借住在城東親戚家裡。

在賓客離去前，
孟嘗君即派人送禮物
到賓客寄住的地方。
這是孟嘗君送給你們的一點兒小禮物。
你真有辦法，孟嘗君派人親自送禮到咱們家。
啊！
這招往往會使賓客死心塌地的爲孟嘗君效命。

木偶土偶
秦昭王聽說孟嘗君很賢能，想請他到秦國當宰相……
於是派自己的弟弟涇陽君到齊國當人質……
我國大王想請貴國賢人孟嘗君到秦國去見他。
此行凶多吉少，還是不要去吧。
主人，打消這念頭吧！
別輕率行事！
別說了，我已經決定非去不可了。
這時有個賓客，叫蘇代，是蘇秦的弟弟，挺身勸諫……
今天早上，我從外面來，看見一個木偶對泥偶說：
哦……

天下雨的話，你就溶化掉了，小命就難保了。
天下起雨來，把你沖走了，不曉得要漂到哪裡去呢！
我生於泥土，毀壞了也不過又歸於泥土。但你就不同了……
!
當今強秦像虎狼一樣，而您卻堅持非去不可，如果不能回來，那不是要被泥偶笑掉大牙了嗎？
啊！
好吧！聽你的話，取消秦國之行。

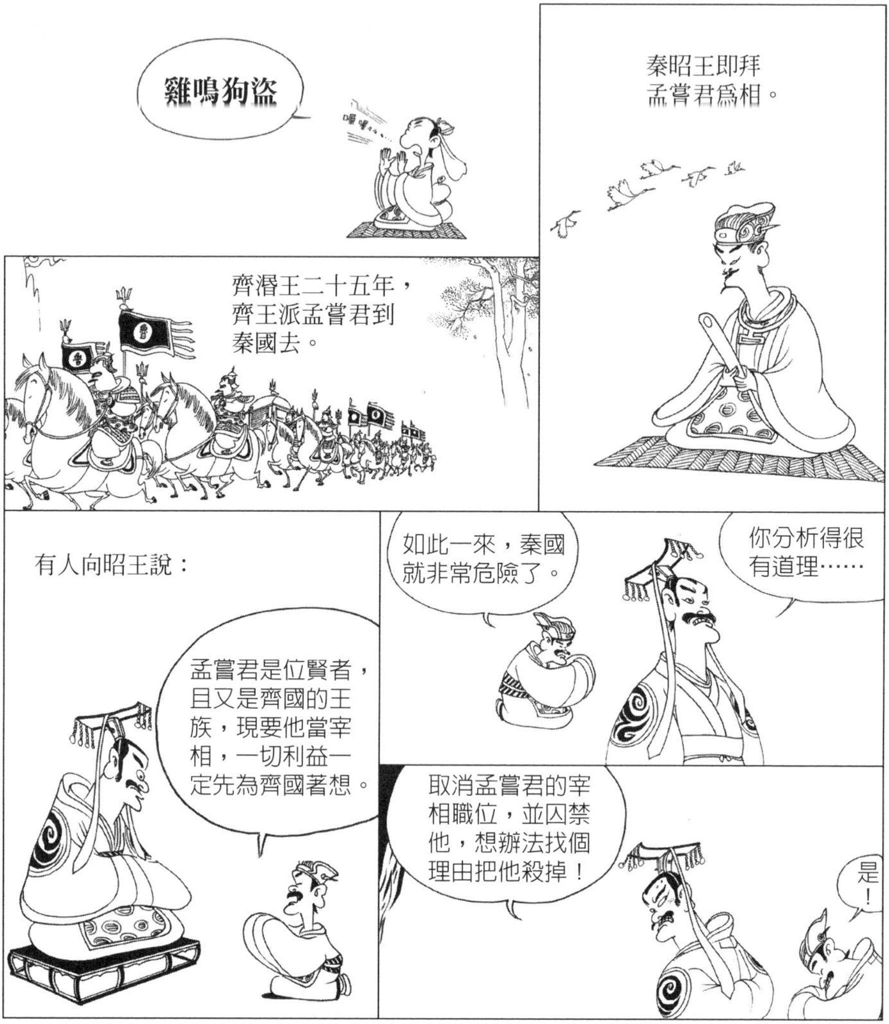

雞鳴狗盜
齊湣王二十五年，齊王派孟嘗君到秦國去。
秦昭王即拜孟嘗君爲相。
有人向昭王說：
孟嘗君是位賢者，且又是齊國的王族，現要他當宰相，一切利益一定先為齊國著想。
如此一來，秦國就非常危險了。
你分析得很有道理……
取消孟嘗君的宰相職位，並囚禁他，想辦法找個理由把他殺掉！
是！

啊！被軟禁了……
!
你立刻去向昭王的寵姬求救！
好。
我答應你去向昭王說好話，但希望孟嘗君能將他的那件白狐裘送給我。
是。
她答應相助，但希望能得到你的白狐裘。
可是白狐裘已經送給昭王了，現在該如何是好……
我能為您偷回那件白狐裘。
真的？那太好了。
先打扮成狗的模樣，從狗洞混進去。

等我的好消息。
嘻嘻嘻，偷到手了。
白狐裘送來了，現在該看妳的了。
沒問題。
大王，孟嘗君又何嘗做什麼壞事，既然不要他當宰相，就放他回國吧。
好好。

昭王果然釋放了孟嘗君。孟嘗君死裡逃生，連忙飛馳離去。
大王！您放他走，無異是縱虎歸山啊。
對啊！
立刻追回孟嘗君！生死勿論！
孟嘗君逃到了函谷關，由於是夜間，所以關門還關著。
關門必須雞鳴時候才會開，而秦兵又快追到了，該如何是好……

末座能學雞叫聲，或許能解決這個困難。
好極了。
喔喔喔……
山莊裡的雞也此起彼落的啼叫起來了。
守關的士兵以為天亮了，真的打開門了。
孟嘗君一夥人終於出關去了。逃過了秦兵的追殺，安全地回到了齊國。
孟嘗君當初收留會雞鳴狗盜這兩人時，其他的賓客都覺得是一種恥辱，但秦國之災厄卻賴此兩人解難。從此，所有的賓客都佩服孟嘗君的識人能力。

相齊
孟嘗君經過趙國，趙國平原君很有禮貌地接待他。
趙人知道齊之賢者路過，都出來爭睹孟嘗君的廬山眞面目。
原以為薛公是位魁梧的丈夫，原來不過是渺小的漢子。
是啊，就是啊！
看了本人真叫人失望啊……
哈哈。
我看大概身高不滿六尺吧。

可惡啊可惡
極了……
把這批人統統
給殺了！
救命啊！
哇！
別想逃走！
哇！
孟嘗君和隨身左
右砍殺了好幾百
個趙人，又滅趙
一縣城而去。
齊湣王因令
孟嘗君使秦，
因而受難，
非常內疚。
孟嘗君一回來，
即拜他爲齊相，
擔任重要職任。

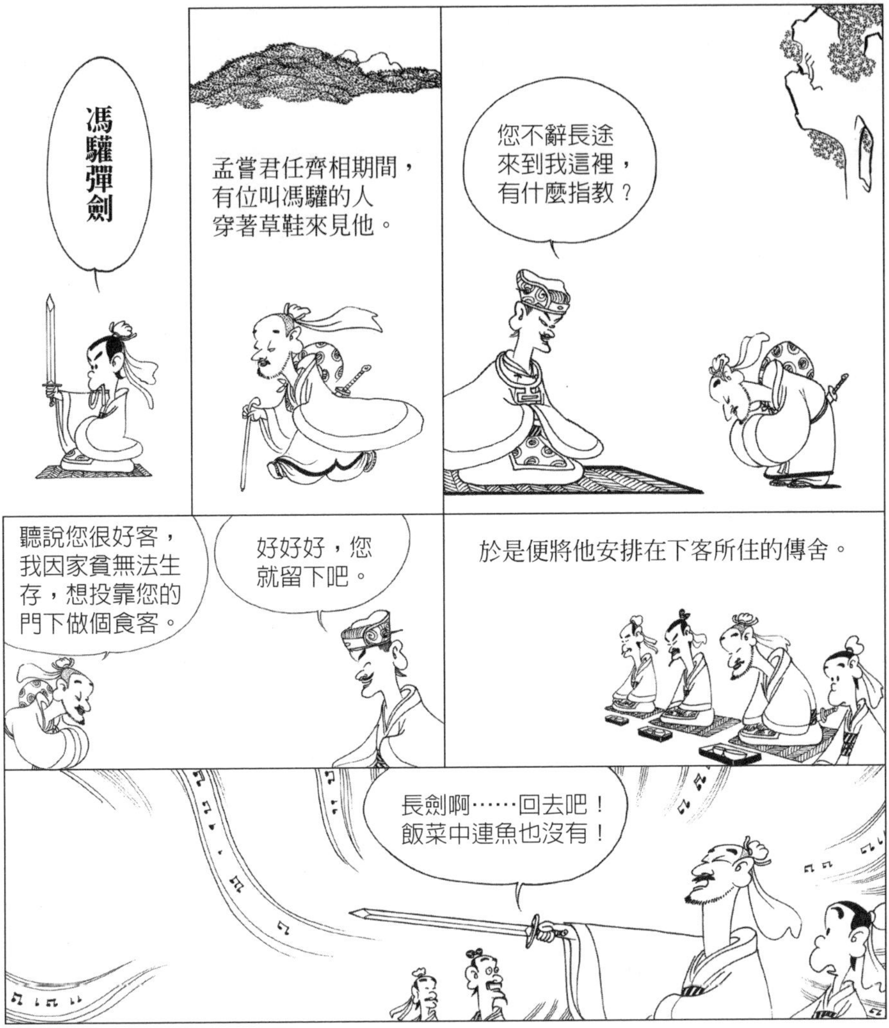
馮驩彈劍
孟嘗君任齊相期間，有位叫馮驩的人穿著草鞋來見他。
您不辭長途來到我這裡，有什麼指教？
聽說您很好客，我因家貧無法生存，想投靠您的門下做個食客。
好好好，您就留下吧。
於是便將他安排在下客所住的傳舍。
長劍啊……回去吧！飯菜中連魚也沒有！

長劍啊，
回去吧！
把他移到中客
所住的幸舍去！
是
馮兄，這
邊請……
此後，每餐飯菜都
有魚了，可是……
長劍啊……回去
吧！出門沒有車
子坐。
馮驩在幸舍還
不知足，每天
彈劍抱怨出入
沒車坐。
把他移到
上客的代
舍去。

馮驩如願遷到上客所住的代舍。
於是，出入都坐著車子。可是……
長劍啊！回去吧……
在這裡雖然有魚有車，但卻不能當家……
他要求太過分了，不要理會他的抱怨……
長劍啊！回去吧！

這一年，孟嘗君的封邑薛國的收成不好，向孟嘗君貸款的人家，都付不出利息。
你認為賓客中，有誰能去薛國收債的？
代舍的馮驩，沒有其他技能，但卻能言善道，讓他去收債，應該不成問題的。
回去後，叫他來見我。
由於門下食客三千人，封邑的收入不夠奉養這麼多賓客，所以才貸款給薛國百姓，賺些利息。
不料今年薛國收成不好，百姓交不出利息，盼您能替我到薛國去收債。
是。

馮驩便告別了孟嘗君，直奔薛國收債。
很抱歉……目前我只能付一部分。
慚愧啊……我實在付不出利息錢。
馮驩收到利息錢十萬，於是買很多好酒、肥牛。
我要宴請貸款的百姓，能償還利息的也請，不能償利息的也請他們來。
是。

我代表孟嘗君
敬大家一杯，
大家儘量喝個
痛快吧。
酒酣耳熱之際，
馮驩拿出契據對賬，
凡能償還利息的
給他們一個限期。
沒有能力付利息的，就拿
出借據，並把它燒掉。
於是，在座的都站起來，
再三拜謝。
現在，有錢的定了
償還的期限；貧窮
的把借據燒掉，債
統統賜給你們。有
這樣的主人，怎麼
違背他呢！
薛公為幫助沒錢
的人也能經營事
業，才貸款給你
們。由於不夠錢
奉養賓客，所以
才向大家收利息。
起來，大
家暢懷喝
酒吧。

孟嘗君聽說馮驩燒了借據，非常生氣，差人召回馮驩。
聽說您收債以後，就買了很多牛和酒，還燒掉許多借據，這是怎麼一回事？
不多備牛、酒，就不能讓大家聚在一起，也就不瞭解誰有錢，誰貧窮。
有錢的人，定了還債的期限；貧窮的人，再跟他討債十年也要不到，利息愈來愈多，再逼的話，他們就會逃走。
如果他們貧困到無法還債，對上則說您為君好利不愛士民，對下則人民有棄君賴債的壞名聲……
主動放棄這些收不到的空賬能讓薛國老百姓親近您，更能讓您得到好名聲，不是很好嗎？
好極了，您辦得真好。

說客
這時，秦、楚二國聯合造謠說：
孟嘗君的名望高過齊王，還獨攬齊國的大權呢。
哼哼，立刻取消孟嘗君的宰相職位。
是。
一般食客眼看孟嘗君被免職，都遠走高飛去了。
希望您借我一輛車，我到秦國去一趟，一定讓您的名望再顯現於齊國，封邑更加廣大。
好吧。

馮驩帶著禮物，驅車到秦國去見秦王。
天下的辯士奔向您西秦來，無非想使秦國強盛，而讓齊國衰弱。
然而，那些奔向齊國的，也都想讓齊國強大，而使秦國衰弱啊。
秦、齊是雌雄難分，勢不兩立的國家，能稱雄的便能得到天下！
你有什麼妙計才不致使秦國變成雌的呢？
大王想必知道齊王廢除孟嘗君這事吧？
我聽說過。
讓齊國威顯天下的，是孟嘗君。現在齊王竟妄信謠言，將他廢除了，他內心非常怨憤，一定會背叛齊王的。

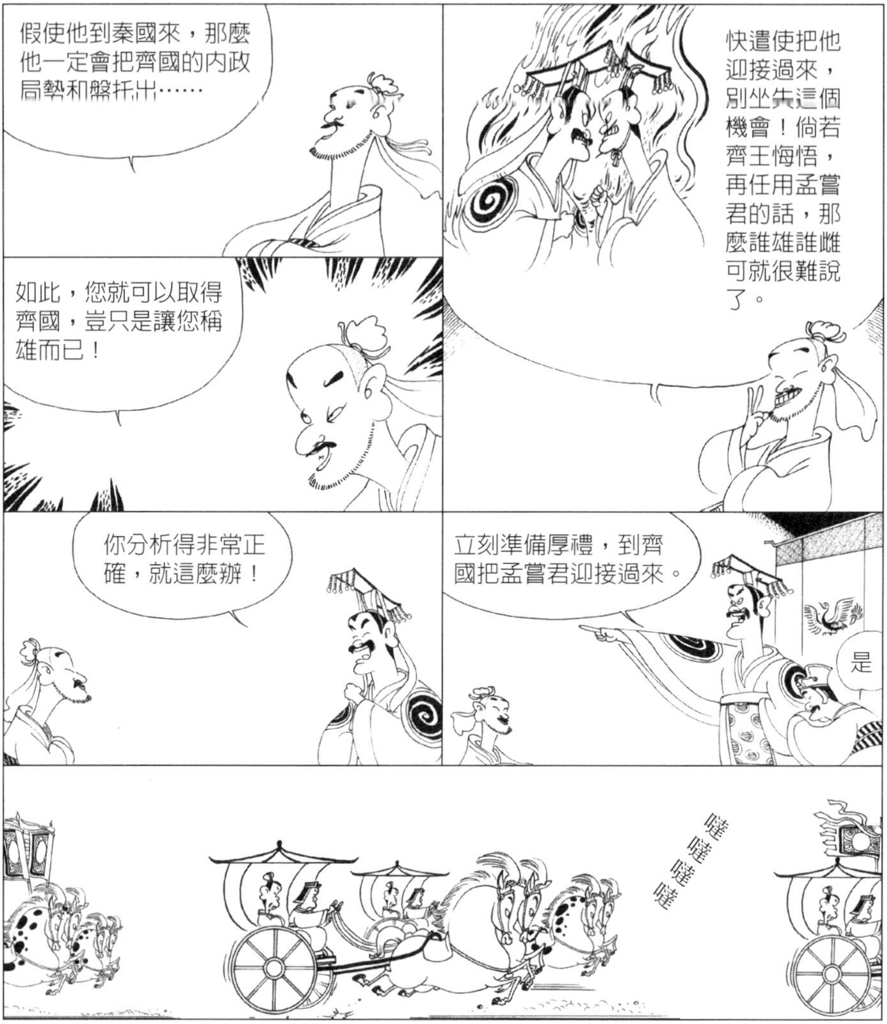
假使他到秦國來，那麼他一定會把齊國的內政局勢和盤托出……
快遣使把他迎接過來，別坐失這個機會！倘若齊王悔悟，再任用孟嘗君的話，那麼誰雄誰雌可就很難說了。
如此，您就可以取得齊國，豈只是讓您稱雄而已！
你分析得非常正確，就這麼辦！
立刻準備厚禮，到齊國把孟嘗君迎接過來。
是
躂躂躂躂

快馬加鞭，趕在他們前面回到齊國。
是。
馮驩直奔齊宮，遊說齊王。
天下的辯士奔向您東齊來，無非想讓齊國強盛，而使秦國衰弱。但是那些奔向西秦的，也都想讓秦國強盛，而使齊國衰弱呀。
秦、齊是雄雌難分，勢不兩立的國家，要是讓秦稱雄的話，齊國就危險了。

目前臣聽說秦王派遣十部車輛，帶了黃金二千四百兩來迎接孟嘗君。
孟嘗君要是到了西秦，天下的人心就可能歸向他的，於是秦國就成為雄，而齊國只好稱雌了。
啊！
一旦您齊國稱雌，臨淄、即墨就危險了。
大王何不趁秦國使者未到之前，恢復孟嘗君的職位，增加他的封邑，向他表示歉意。如此一來，孟嘗君一定會很高興地接受。
秦雖是強國，但怎能聘請別國的宰相呢？只要破壞了秦國的陰謀，就可斷絕他稱霸的策略。
報告大王！

秦國使者車隊
剛駛入邊境……
立刻召回
孟嘗君。
於是，齊王恢復了孟
嘗君的相職，又加封
千戶的封邑給他。
事有固然
物有必至
齊王廢除孟嘗君的職位時，
一般食客都遠走高飛了。當
他復職之後，那些食客又一
一趕回來了。

我素好客，所以羅致食客三千多人。是這些賓客眼看我被免職，便一一地背叛我，遠走高飛。
現在依靠您的努力恢復舊職，您說，那些賓客還有什麼臉回來見我？
等一下他們若來見我，我一定唾他們的臉，大大的羞辱他們。
您是想替賓客道歉嗎？
不是，而是為您剛才的失言呀！「物有必至，事有固然」，這話您可明白？
我不懂您的意思。

世界上有生命的東西必定會死，這是生物都會經歷到的；有錢又有地位的，一定會有很多人與他交往。
貧賤的人，他的朋友很少，這是一定的道理啊！
嘩！
嘩！
您難道沒見過那些趕向市場的人群嗎？天一亮，大夥兒你推我擠地進入市場。
可是天黑時，他就是招手請人進市場，人們也不肯進去。

這並不是說他們喜歡早晨，厭惡黃昏。
而是他們心中想要的東西，在黃昏時市場已經空空一無所有的關係。
您失掉高位時，賓客都走了，可謂情況相同，這不需要怪他們，而斷絕了延攬賓客的門路。
希望您仍然接納他們，好好善待門下的賓客。
我一定遵從您的建議。能聽到您的這些指教，怎能不遵照您的言教去做呢？

絕嗣無後
後來齊湣王滅了宋國，更加狂傲，一心想擯斥孟嘗君。
孟嘗君非常惶恐，就逃到魏國去，魏昭王立即拜他爲相。
孟嘗君會合秦、趙、燕國，共同出兵擊敗齊國。
齊湣王逃到莒城，最後死在那裡。
齊湣王死後，由齊襄王即位。

而孟嘗君仍然中立於諸侯之間，不屬於任何國家。
齊襄王因剛即位，心裡很畏懼孟嘗君，便立刻攏絡他，親近他。
後來，田文去世，諡爲孟嘗君。
由於他的孩子互相爭位。
結果齊、魏聯合滅了薛國。
從此孟嘗君絕了嗣，沒有後代。
太史公司馬遷說：我曾經到過薛國舊址，從那地方的民俗來看，鄉里的子弟大多是暴戾強悍，這跟鄒、魯兩地的情況是不同的。我打聽原因，說是：「孟嘗君延攬天下任俠的賓客，而雞鳴狗盜之徒隨著到薛國來的，大概有六萬多戶人家。」世上傳說孟嘗君以好客自喜，眞是名不虛傳啊！

平原君

平原君列傳
平原君趙勝，是趙國的公子。在所有的公子裡，就屬他最爲賢能，他喜歡延攬賓客，門下的賓客有好幾千人。
他曾擔任趙惠文王、孝成王的宰相，一生中曾三離相位，又復職三次。
他的受邑在東武城。

斬美人謝罪
平原君家的樓房靠近百姓的住家，有一天……
快來看啊！看這跛子走路的怪樣子。
哈哈！他走路的樣子實在笑死人了。哈哈哈哈……
第二天……
我聽說您很愛才，士人不遠千里而來依附您，是因為您能貴士而賤妾的關係。我不幸駝背又跛足，而您後宮有位美人在樓上竟嘲笑我走路的怪樣子……
我要見你們家的主人，有話對他說！
請進。

我要那個笑我的美人的頭！
好好好，我殺了她為您消氣吧。
多謝公子成全我的心願。
這老頭兒為了一笑，就想殺了我的美人，真是太過分了。
後來，平原君並沒有殺死那位美人……
過了一年多……食客和左右親近有大半的人漸漸離他而去。
我趙勝對待賓客從未失禮啊，為什麼他們要離我而去呢？
您沒殺掉那位譏笑跛子的美人，大家認為公子您愛色而賤士，所以門下士人才漸漸離開您了。
原來是為了這個……

平原君立即砍了那譏笑跛子的美人的頭，親自登門送給跛子，並再三謝罪。於是賓客們才又逐漸地回來。
當時，齊有孟嘗君，魏有信陵君，楚有春申君，他們都竭盡所能來延攬士人。
毛遂自薦
趙惠文王九年秦圍趙國都城邯鄲。
令你為特使，速到楚國去請求救兵！
是。
我要選二十個勇識、才略兼備的人，跟我到楚國求救兵，聯合抵抗秦國。

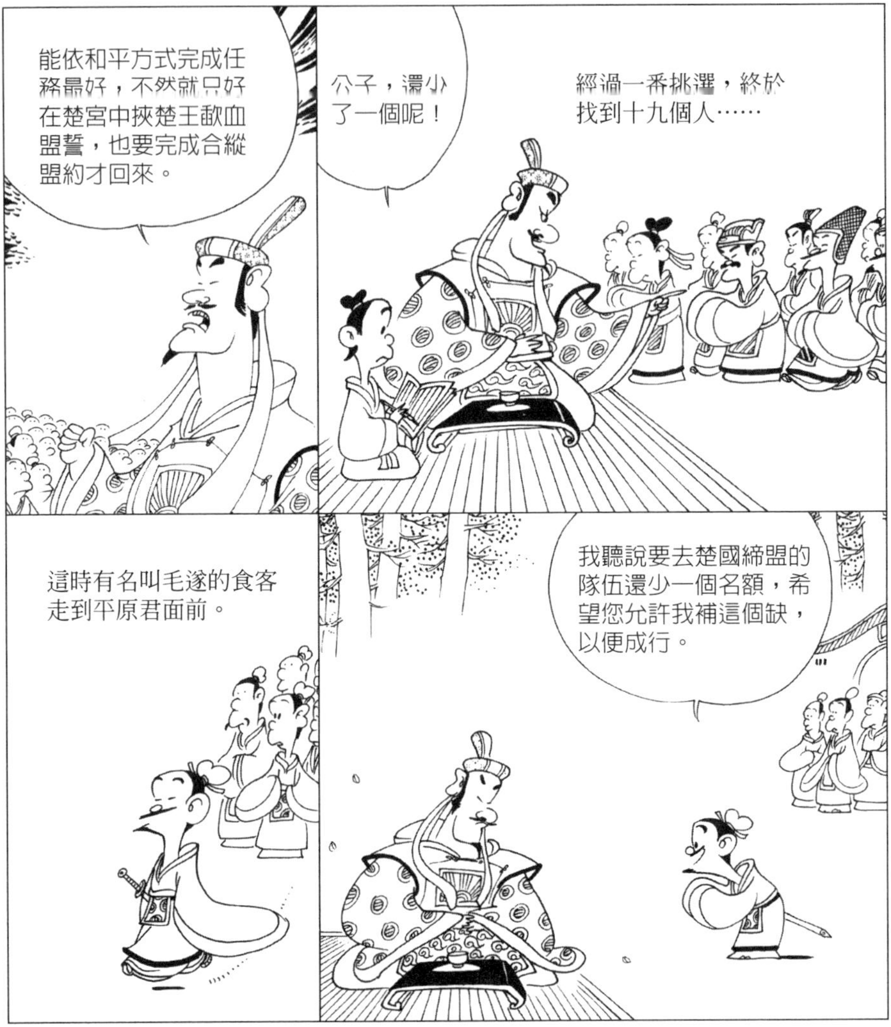
能依和平方式完成任務最好，不然就只好在楚宮中挾楚王歃血盟誓，也要完成合縱盟約才回來。
經過一番挑選，終於找到十九個人……
公子，還少了一個呢！
這時有名叫毛遂的食客走到平原君面前。
我聽說要去楚國締盟的隊伍還少一個名額，希望您允許我補這個缺，以便成行。

您在我門下有多久了？
三年。
一個賢者活在世上就有如鐵錐放在袋子裡，尖銳的地方馬上會穿露出來。
您在我門下三年，我從未聽過有人稱讚您啊！
不不不。
今天我就是來求您把我放進袋子裡的呀。若是我早有被放在袋子的機會，將不只是尖銳穿露而已。
好吧，就給您這個機會吧。
謝謝。
到了楚國，平原君和楚王商量聯合抗秦的事，一再說明兩國的利害關係，但談論了半天，仍無結果。
於是毛遂即跟隨平原君等人到楚國請求救兵……

從早上談到了中午，仍然沒有說動楚王……
我上去說說看。
有關合縱的利害，是兩句話就可以解決的事，為什麼談了這麼久呢？
那位客人是來做什麼的？
他是我的隨從。
我跟你主人談正事，你打什麼岔呀？還不快給我下去！
大王您之所以喝叱我毛遂，是仗恃楚國強大的威勢。現在十步之內，您再也沒法仗恃楚國的威勢了，您的生命就操在我毛遂的手中。

我的主人在您的前面，您這樣喝叱做什麼？
商湯以七十里的地方，便統治了天下，周文王以百里之地，號令諸侯，這難道是他們士卒衆多的關係？
實在是他們能夠依據已有的情勢，振作他們的威武罷了。
目前楚國擁有五千里地，加上百萬雄師，這是稱霸天下的大好時機呀！
白起，只是一名小將，但他率領幾萬秦兵來跟楚國作戰，一戰就攻下鄢、郢兩地；再戰，焚毀楚國的夷陵；三戰，污辱了您的祖先。
這是百代不解之仇，連趙國都替楚國感到羞恥。
您身為楚君卻不引以為恥啊！

您要搞清楚，合縱完全是為了楚國，並非為趙國的。
是是是……你說得對極了對極了！
我願以整個楚國跟趙國聯合抗秦。
合縱的事就這樣決定了嗎？
對，就這樣定了。
快拿雞狗馬血來！
謝謝。
大王您應先歃血表示合縱的誠意，其次是我的主人，再其次是我。
於是楚殿上完成了合縱的事。

你們十九人也互相
歃血在這堂下。平
庸的你們真所謂因
人成事的人啊！
以貌取人
平原君完成合縱，回到趙國後，感慨地說：
我再也不敢以外貌取人了！我以貌取才以來，多者總有千人，少說也有百人。
一直以為不曾有差錯，今天對毛先生卻看走了眼。毛先生一到楚國，使趙國的地位，比九鼎、大呂還要貴重。

毛先生憑著三寸不爛之舌，勝過百萬兵隊。我再也不敢以貌取人了。
於是，拜毛遂為上客。
李同進諫
平原君回趙後，楚王派遣春申君帶兵趕來救趙國。
魏信陵君也偽裝安釐王的命令，取得晉鄙的兵權，前來救趙國。

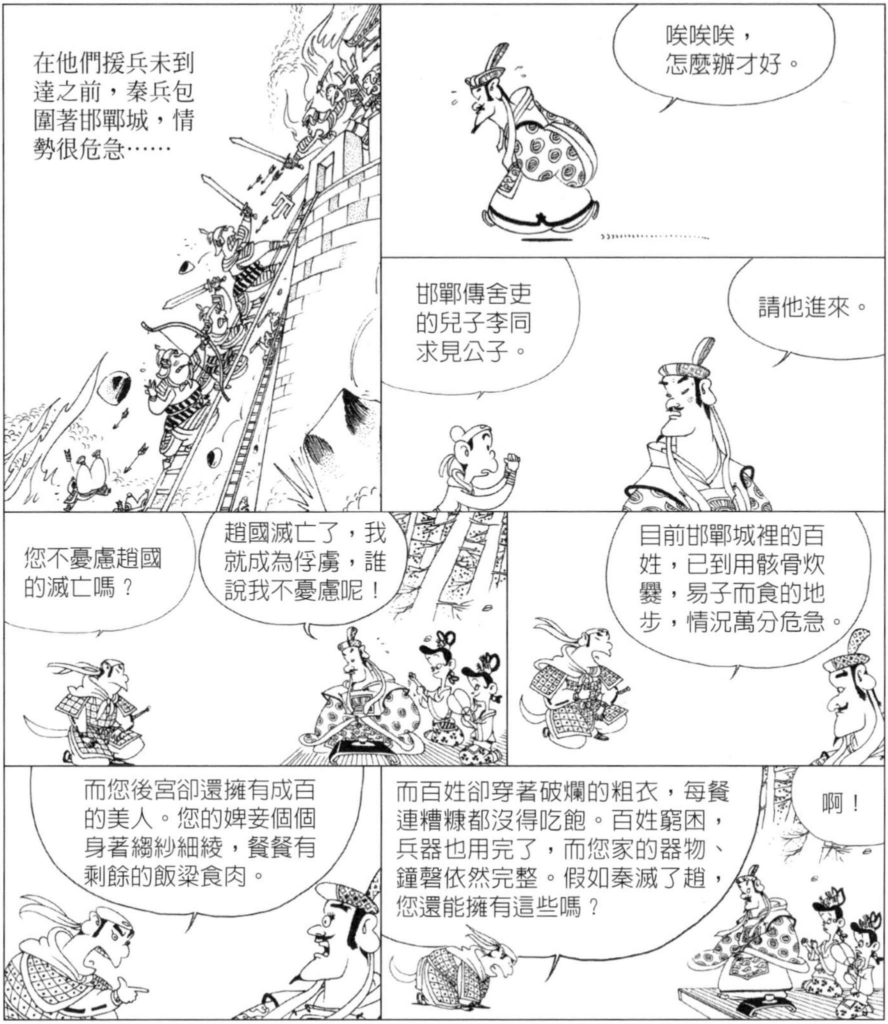
在他們援兵未到達之前，秦兵包圍著邯鄲城，情勢很危急……
唉唉唉，怎麼辦才好。
邯鄲傳舍吏的兒子李同求見公子。
請他進來。
您不憂慮趙國的滅亡嗎？
趙國滅亡了，我就成為俘虜，誰說我不憂慮呢！
目前邯鄲城裡的百姓，已到用骸骨炊爨，易子而食的地步，情況萬分危急。
而您後宮卻還擁有成百的美人。您的婢妾個個身著綢紗細綾，餐餐有剩餘的飯粱食肉。
而百姓卻穿著破爛的粗衣，每餐連糟糠都沒得吃飽。百姓窮困，兵器也用完了，而您家的器物、鐘磬依然完整。假如秦滅了趙，您還能擁有這些嗎？
啊！

要是趙國能夠安全，您又何慮沒有這些東西呢？
現在只要您能將夫人以下的人編入軍中，並將家中物品分給兵士，他們將會非常感激您，並共同努力殺敵的。
於是，平原君照他的建議做，果然得到敢死的士兵三千人。
殺
殺
李同率領這批人奔赴前線，秦軍竟被他們逼退了三十里。
殺殺殺！
殺！
哇
這時，正好楚春申君和魏信陵君的救兵也趕到了……
秦兵潰散而去，終於保住了邯鄲城。

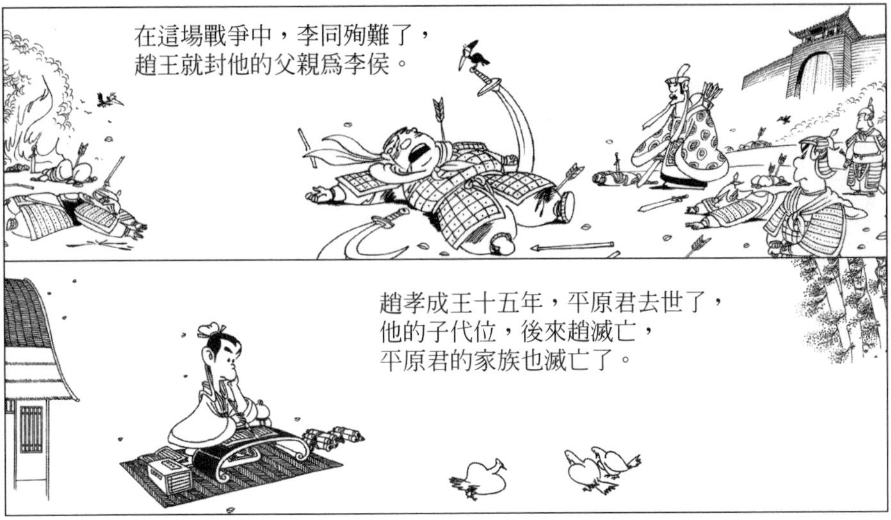
在這場戰爭中，李同殉難了，
趙王就封他的父親爲李侯。
趙孝成王十五年，平原君去世了，
他的子代位，後來趙滅亡，
平原君的家族也滅亡了。

信陵君

信陵君列傳
魏公子無忌，是魏昭王的小兒子，魏安釐王同父異母的弟弟。
昭王死後，安釐王即位，封公子無忌爲信陵君。
信陵君爲人仁慈謙讓，不因自己高貴而對士人傲慢。
因此周圍數千里的士人都來歸附他，招致門客多達三千人。
各國諸侯因信陵君賢明、門客多，十幾年間不敢謀攻魏國。
魏國有信陵君這賢人，還是少惹為妙。
是啊。

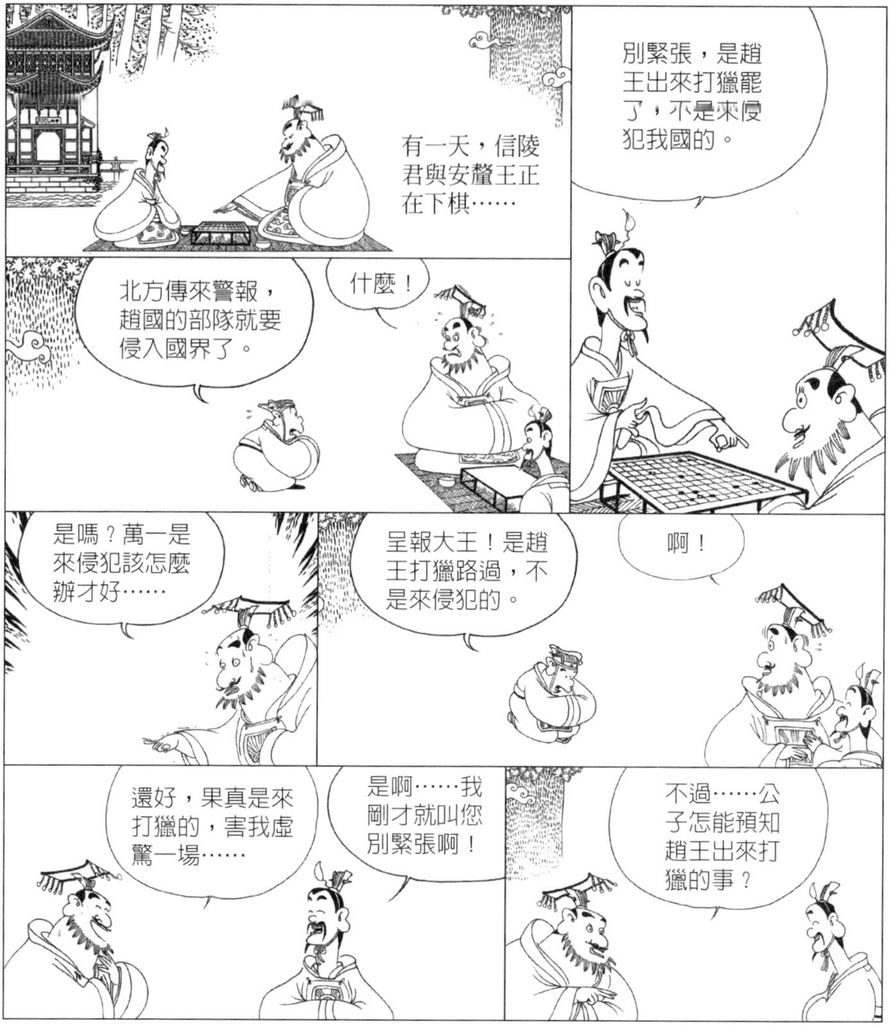
有一天，信陵君與安釐王正在下棋……
北方傳來警報，趙國的部隊就要侵入國界了。
什麼！
別緊張，是趙王出來打獵罷了，不是來侵犯我國的。
是嗎？萬一是來侵犯該怎麼辦才好……
呈報大王！是趙王打獵路過，不是來侵犯的。
啊！
還好，果真是來打獵的，害我虛驚一場……
是啊……我剛才就叫您別緊張啊！
不過……公子怎能預知趙王出來打獵的事？

我的門客中，有能打聽到趙王秘密的人；趙王所做的事，他一定通知我，因此知道的。
從此，魏安釐王畏懼信陵君的賢能，不敢把國家大事讓他負責處理。
禮賢下士
魏國有個隱士，名叫侯嬴，已經七十歲了，生活貧窮，是看守大梁東門城門的小吏。
我是魏無忌，這點兒小禮物請您收下。
我幾十年來修身養性，不會因為看守城門窮困的緣故，就接受你的厚禮。
啊……

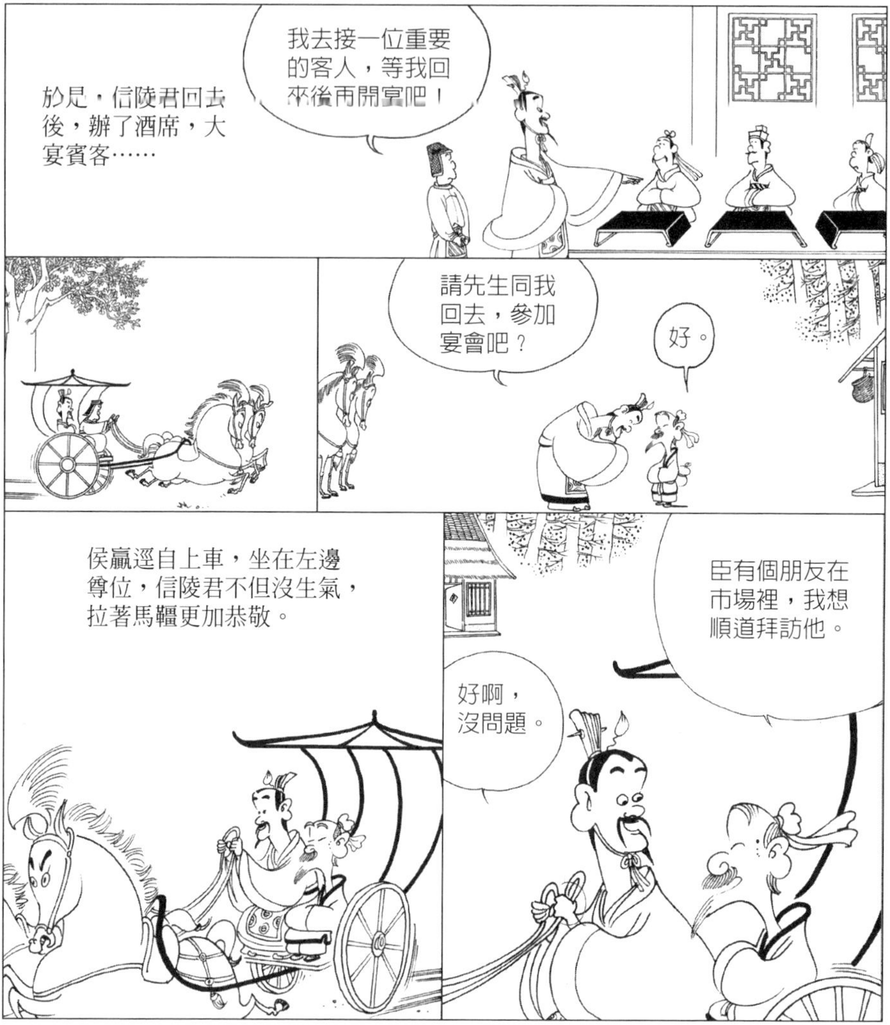
於是，信陵君回去後，辦了酒席，大宴賓客……
我去接一位重要的客人，等我回來後再開宴吧！
請先生同我回去，參加宴會吧？
好。
侯嬴逕自上車，坐在左邊尊位，信陵君不但沒生氣，拉著馬韁更加恭敬。
臣有個朋友在市場裡，我想順道拜訪他。
好啊，沒問題。

馬車到了市場，侯贏故意與朋友談話很久，並偷偷觀察公子的反應，只見信陵君的臉色更為溫和。
抱歉，讓您久等了，我們走吧。
這位就是今天這場盛宴的貴客，他叫侯贏。
公子竟會對這樣的人這麼恭敬。
為這樣的一個老頭，害我們苦等多時……
侯先生，請暢懷痛飲，我敬你一杯！

今天我侯嬴為難公子您也夠啦！侯嬴只是東門守城門的人，而公子您卻親自帶著隨從車馬，迎接我於大庭廣衆之中。
而我侯嬴為了要成就公子愛士的名聲，故意讓公子的隨從車馬久立於市區，讓經過的人圍觀公子，公子更顯得恭謹；市民都以為我是個小人，而把公子當成能夠謙恭下士的賢人啊！
啪啪
啪啪
啪啪
啪啪
啪啪
酒席散後，侯嬴也成爲公子的上賓。
臣剛才所拜訪的屠夫朱亥，是個賢才；世人不瞭解他，因此才隱藏於市井之中。
我會常去拜訪他。
信陵君好幾次去拜訪朱亥；
可是朱亥卻不回拜，公子覺得很奇怪。

盜符救趙
公子無忌的姐姐，是趙惠文王弟弟平原君的夫人，寫信向魏國請求救兵。
魏安釐王二十年，秦昭王派兵攻破趙國駐防長平的守軍，並圍攻邯鄲城。
秦
晉鄙，令你率十萬精兵去援救趙國。
是。
不好了，秦王派人來警告大王。

秦昭王在信上說：誰敢派兵去援救趙國，在他佔領趙國之後一定調兵先攻擊它。
立刻派人通知晉鄙，停止進軍。
是。
於是晉鄙將魏軍駐守在鄴這個地方，暫時採取觀望的態度。
大王快令晉鄙率兵救趙吧，別眼看秦兵攻下邯鄲，消滅了趙國啊……
別再說了，我不會再改變主意的。
魏王懼怕秦國的報復不敢出兵救趙，但我也不能獨活而讓趙國滅亡！
於是信陵君請賓客們湊合了一百多輛車馬，打算去抗拒秦軍，和趙國共存亡。
侯先生，我準備與賓客們到趙國去死戰秦軍，與趙國同存同亡，特地來向您拜別。

公子您好自為之吧，老臣可不能跟隨您去。
是。
奇怪啊，我將要到戰場去犧牲了，而侯嬴竟沒有一言半語送我，難道有對不起他的地方嗎？
將馬車調頭，再回東門。
是。
臣就知道公子會回來的啊！
公子重愛士人，聞名天下，今有危難而準備去和秦兵拚命，這就像是把肉投給餓虎一般，有何用處呢？還養什麼賓客！
那應該怎麼辦？

請跟我到屋內詳談。
我聽說晉鄙的兵符，放在魏王的臥房裡，如能偷到它，一切問題便好辦了。
取得虎符，奪取晉鄙的軍權，援救北方的趙國而抗強秦，這是春秋五霸的功業啊！
要如何才能盜得兵符？
魏王的寵妾如姬，常出入國王的臥房，她必能偷到它。
公子曾替她報殺父之仇，如姬一直想報答公子。倘若公子肯開口，如姬必定答應替你盜虎符。

好極了，就這麼辦吧。
公子無忌請如姬幫忙，如姬果然答應……
謝謝妳冒著生命的危險，為我盜得兵符。
為了報答公子，即使犧牲生命也在所不惜啊！
虎符已經到手，我即將上路。
即使公子的兵符沒有錯誤，但若晉鄙不給公子軍權，反而向魏王請示，事情就很危險了。

你帶朱亥一道去，他是個大力士，萬一晉鄙不肯交出軍權，你可令朱亥打死他。
臣是市井屠夫，一直蒙公子厚愛，如今公子有難，正是我犧牲性命報答的時候了。
謝謝你。
祝你一路順風！
臣年老不能同去，但我會在公子到達晉鄙軍中的那天，面向北邊自殺，來答謝公子的垂愛之情。
公子到達鄴城，即取出兵符，假傳魏王的命令……

奉魏王的命令，要我來取代你的職位，請將軍權交給我吧。
我率十萬大軍，駐防在邊境上，擔負國家的重任。現在公子獨自坐車子來，就說要取代我的職位，這是什麼道理呢？
將在外，主令有所不受，抱歉……我不能把軍隊交給你。
將軍果然是個叱咤風雲意氣豪邁的英雄啊！
晉將軍原諒我……

公子無忌於是統領晉鄙的軍隊，整飭士兵。
父子都在軍中的，父親可以回家；兄弟都在軍中的，哥哥可以回家；沒有兄弟的獨子，可以回家。
經過挑選後，共得精兵八萬人，進兵攻擊秦軍。
殺！
啡啡啡啡！
殺呀！
交戰結果，魏國擊敗了秦國的軍隊，公子無忌終於解救了邯鄲城的危機，保存了趙國。
趙王和平原君在邯鄲城郊迎接公子無忌，平原君背著箭袋和箭，為公子在前引導。
信陵君，這次真多虧了您。
無忌拜見趙王！
自古以來的賢人，沒有人可以比得上公子的了。

這時，平原君不敢拿自己與公子無忌相比較。
而留在魏國的侯嬴，果然在信陵君抵達晉鄙軍中時，面向北方自殺了。
不可忘
不可不忘
魏無忌你好可惡啊！
魏安釐王怨恨信陵君盜走兵符，假傳命令殺了晉鄙……
公子也知道魏王恨他，便遣魏軍回國，而自己和賓客留在趙國。

信陵君盜符救趙，功勞很大，我想送他五個城邑。
好啊。
趙王打算把五個城邑封給公子。
好極了。
於是公子顯現驕傲誇耀的樣子。
趙王為答謝我的功勞，要封給我五個城邑。
公子，事情有不可忘記的，也有不可不忘記的。
什麼事不可忘？

要是別人對公子有恩德，是不可忘記的……
要是公子有恩德給別人，希望公子就忘記它。
什麼事不可不忘？
沉且盜符救趙，對趙國是有功，但對魏國卻是不忠啊……現在公子竟然自以為有功呢！
我知錯了，就拒絕趙王的美意吧。

威震天下
公子無忌留在趙國有十年之久，不回魏國。
秦國聽說公子在趙國，就日夜出兵，向東來攻打魏國。
大王！秦兵已經開到我國邊境了，怎麼辦才好？
快派使者到趙國去請信陵君回國！
是。
公子，魏王派使者來，請公子回魏國。

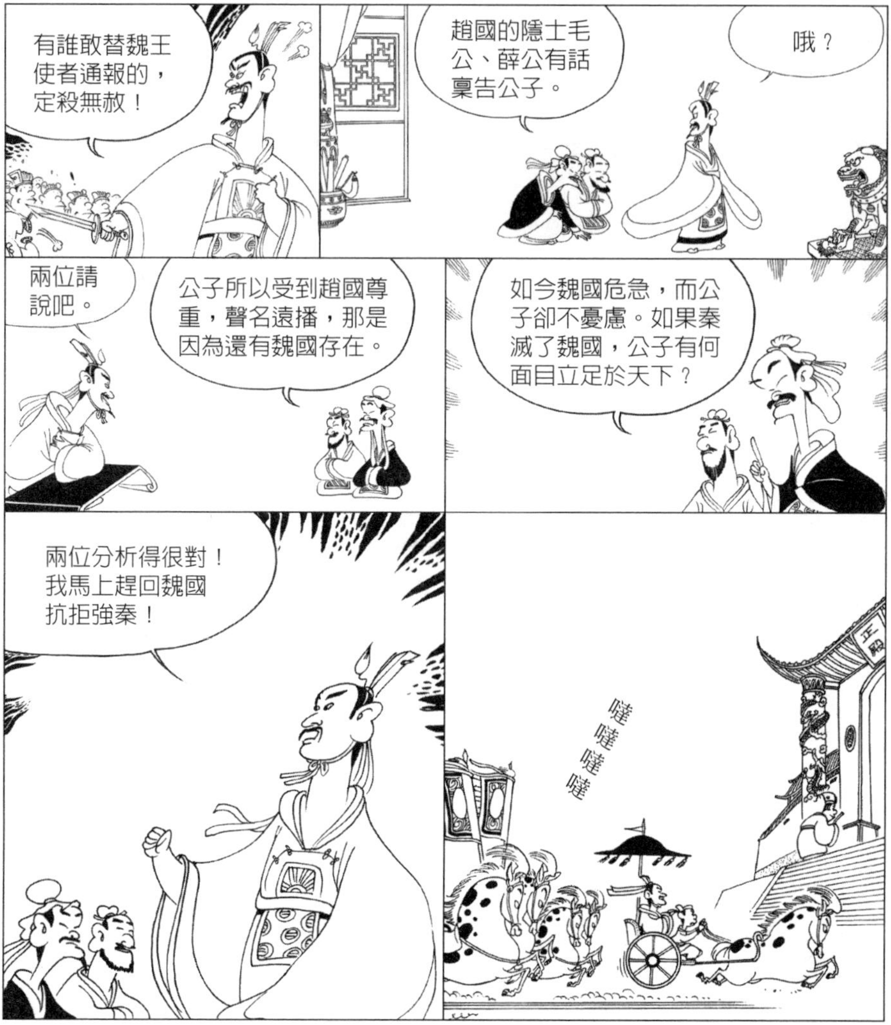
有誰敢替魏王使者通報的，定殺無赦！
趙國的隱士毛公、薛公有話稟告公子。
哦？
兩位請說吧。
公子所以受到趙國尊重，聲名遠播，那是因為還有魏國存在。
如今魏國危急，而公子卻不憂慮。如果秦滅了魏國，公子有何面目立足於天下？
兩位分析得很對！我馬上趕回魏國抗拒強秦！
正殿
噠噠噠噠

信陵君，您終於回來了……
大王！
信陵君。
大王！嗚。
信陵君，我把上將軍的印信和魏國的前途統統交給您了！
是。
立刻遍告各國諸侯，我無忌已擔任魏國上將軍，請各國諸侯派兵幫助我抵抗強秦。

諸侯聽說公子無忌親自帶兵，
都各派遣將軍帶兵來救魏國。
於是公子統率五國的兵馬，
到邊境與秦兵決戰……
蒙驁率領的秦兵在黃河
的南方被聯軍打敗。
信陵君並乘勝追擊
秦兵直到函谷關。
逼迫秦軍，使秦軍
不敢再出關。

在這時候，公子
無忌威名震天下。
各國的賓客呈獻兵
法給公子看，公子
都題上名字。
所以世上一般人稱爲
《魏公子兵法》。
公子的下場
秦王對公子
無忌的威武
非常顧忌。
於是用萬斤黃金在魏
國訪求晉鄙的賓客。
信陵君是我們的
共同敵人，請在
魏王面前誹謗他。
好好，沒
問題。

信陵君現在是魏國的上將軍，諸侯將領也都歸他統領。公子想要趁此機會南面稱王。
真的？
公子何時立為魏王啊？到時候敝國大王將派人來祝賀公子。
秦國也常利用反間諜誣陷公子。
各國的諸侯正打算共同出面擁立信陵君為魏國國王。
有這種事？
立刻取消信陵君上將軍的職務！不能讓他統率軍隊。
是。

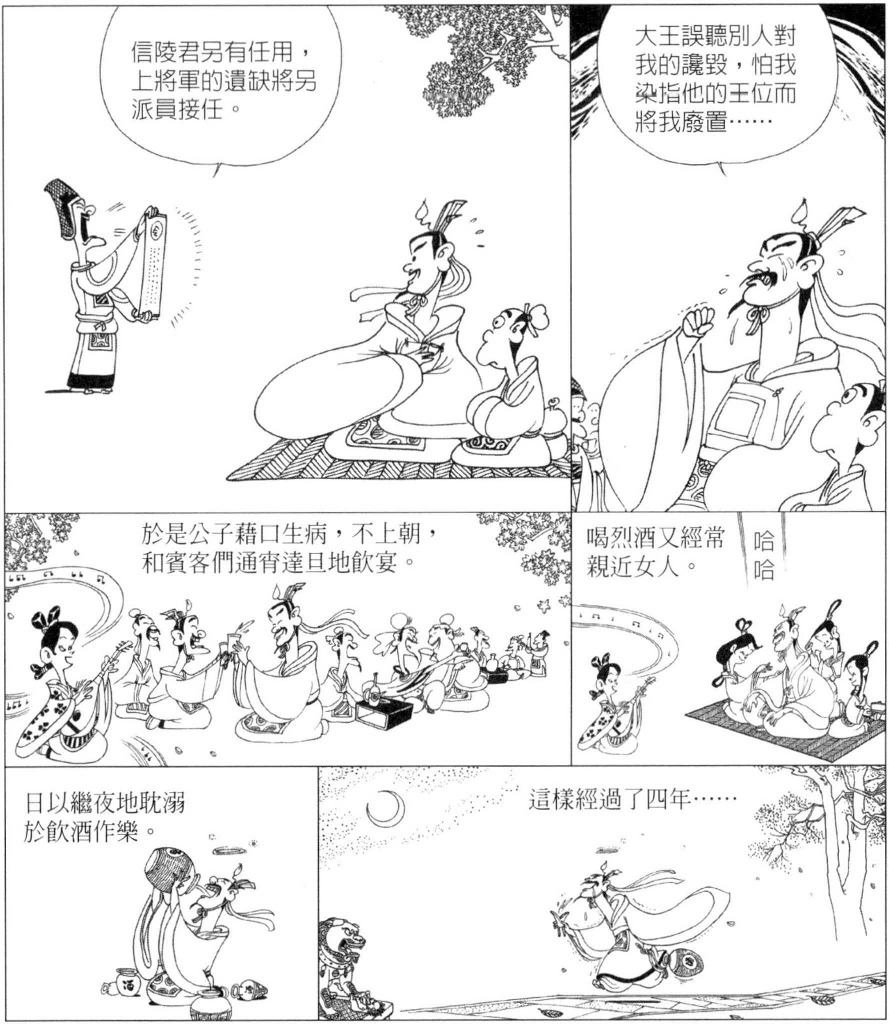
信陵君另有任用，上將軍的遺缺將另派員接任。
大王誤聽別人對我的讒毀，怕我染指他的王位而將我廢置……
於是公子藉口生病，不上朝，和賓客們通宵達旦地飲宴。
喝烈酒又經常親近女人。
哈哈
日以繼夜地耽溺於飲酒作樂。
這樣經過了四年……

終於因爲飲酒
過量患病而死。
這年，魏安
釐王也死了。
大王！
大王！
秦王聽說公子無忌死了，就派蒙驁帶
兵攻打魏國，奪取了二十個城邑，改
置爲秦國的東郡。
從此以後，秦國像蠶吃桑葉
似的逐漸侵佔魏國的土地。
過了十八年，俘虜了
魏王假，攻下了魏都
大梁……魏國滅亡。

漢高祖劉邦即位後，每次路過大梁，常常祭祀公子。高祖十二年，擊破黥布回來，替公子設置了五戶人家，專門看守公子無忌的墳墓。命令這五戶人家，世世代代每年按照四季來奉祀公子。
魏公子無忌信陵君之墓

春申君

春中君列傳
春申君是楚國人，姓黃名歇。因出外游學，故能淹博洽聞，在楚國頃襄王朝任事。
黃歇你有辯才，故派你出使秦國。
是。
一二……
一
當時的秦國非常強盛，而秦王又很輕視楚頃襄王……
黃歇怕秦國舉兵把楚國滅了，就上書秦昭王。

吼
嘻
天下最強盛的國家，就是秦楚二國了，現在我聽說大王想去伐楚國，這正如兩虎相爭，而坐收漁利者是劣馬和狗啊……
假如大王仗恃人多兵強，想以武力臣服天下諸侯，這樣……臣恐怕就會有後患發生了。
《詩經》說：「事之初，都會有好的開始，但卻很少能一直保持到終了。」
詩經
鮮克有終
靡不有初
《易經》說：「狐狸涉水，結果還是沾濕了尾巴。」
這就是說，一件事情在開始的時候很容易，但要保持到終點就非常難啊……
啊！

秦若伐楚，齊趙韓魏四國必趁機攻打秦國，到那時，大王您就很為難了。
他說得很有道理，下令召回白起，停止出兵吧。
是。
秦王派使臣以厚禮出使楚國，要約爲友好之國。
黃歇回到楚國，楚王就派他與太子完到秦國作人質。
入質於秦
秦國將黃歇與楚太子留置了數年後……
公子，不好了！

楚頃襄王患病，望太子能即刻回國。
父王病危，但秦王又不讓我回國探病，這該怎麼辦？
我去找秦國宰相應侯，請他幫忙。
相國真的是楚太子的好朋友嗎？
是啊！

楚王病危，秦國不如送回他的太子；若立為楚君，他侍奉秦國一定格外厚重。
假如太子不能回國，那他只不過是咸陽的一個平民罷了；楚國要是另立太子，一定不再侍奉秦國的。
希望相國衡量得失輕重，仔細考慮考慮。
我去勸秦王讓太子回楚國去。

派楚太子的師傅先去問楚王的病，回來以後再作商議。
是。
大王只答應讓你回國，太子還是不能成行。
楚王病危，太子您又被羈留於咸陽，陽文君的二子偏偏又在宮中……
假如大王不幸死了，太子又不在宮中，陽文君的兒子一定被立為王，那麼太子就不能奉享宗廟了。
既然到了這地步，倒不如離開秦國，與出使的人全部逃走！

臣請留下來，
以死來抵擋。
於是楚太子即喬裝成楚使者的
車夫，混出了秦國的關口。
黃歇留守在館舍，
以太子生病爲由，
辭謝來訪的客人。
太子大概已經
逃回楚國了……

我來求見秦王，當面向他請罪。
大膽黃歇，你就當我的面自殺謝罪吧！
楚太子已經回國去了，我黃歇該當死罪，希望大王賜我死吧。
啊！
大王且慢！黃歇為人臣子，寧為主人而死，太子若能立為楚君，一定重用黃歇……
所以不如不加罪於他，讓他回到楚國去，以親楚國。
不錯！他若能得重用，對秦國也有好處！

黃歇，免你死罪，快回楚國幫助太子吧。
謝謝大王！
黃歇回到楚國三個月，楚頃襄王就死了……
太子完立爲楚君，是爲考烈王。
大王
大王
黃歇你有功於我，特任你為相國。
是。
考烈王元年，黃歇被任爲相國，並奉爲春申君，賞賜淮北十二縣的土地。

毋望之禍
這時，齊有孟嘗君、趙有平原君、魏有信陵君，大家都爭相禮賢下士招請賓客。
春申君相楚二十多年，楚考烈王一直苦於無子。
去尋求宜於生子的婦人進獻給大王吧。
是。
雖然進獻了很多婦女，但考烈王卻始終沒有生下兒子。
這時趙人李園想將他妹妹進獻給楚王，但又聽說楚王沒有生子的能力……

所以李園就來侍奉春申君，作爲他的門下。
不久他請假歸里，故意延誤日期。
為什麼延了很多日才回來呢？
齊王派使者來求聘臣的妹妹，因與使者飲酒，所以延誤了日期。
送聘禮了嗎？
還沒有。

我可以見見她嗎？
當然可以。
於是李園就把妹妹進獻給春申君，並得到春申君的寵幸。
娘子有身孕了！
真的？
太好了，妳就如此如此……
是，是……我知道。
公子！楚王對您的尊重信任，就是兄弟也比不上啊！
是啊……
您相楚二十多年，可是楚王卻沒有兒子，楚王百年後，將會立他的兄弟為王。

您在楚王面前當權太久，對楚王的兄弟失禮的地方一定很多，楚王的兄弟果真立為楚王，災禍就要降臨到您身上。
啊！
現在賤妾自知已經懷有身孕，別人並不知道……
若能把賤妾進獻給楚王，楚王一定寵愛賤妾，如托天之幸而生下一個男孩，那麼就是您的兒子為楚王了。
這時整個楚國可以盡得，誰又能降不測的大罪於您呢？
妳說得極是……
就照妳的意思，把妳進獻給楚王。

於是春申君便把她送給楚王，
楚王果然非常寵愛她。
不久便生下一個
男孩，立爲太子。
李園的妹妹，
也就成了王后。
楚王也因此重
用李園，李園
遂得以過問楚
國的政事。
哈哈哈 ！
成功一半了。
你好好訓練他
們，馬上有機
會用上你們的。
是。

春申君爲楚相二十五年時，楚考烈王病了。
朱英對春申君說：
世間有不望而忽至的大福，也有不望而忽至的人禍……
現在您處於生死無常的時代，身邊一定要有能左右吉凶的人。
什麼是不望而忽至的福？
您為楚相二十多年了，名分上你是相國，可是其實您就是楚王啊……
如今楚王重病，一旦楚王去世，您就是攝輔少主的人，因而代替少主持政當國，就像伊尹、周公一樣。
這不就等於南面稱王？這就是我所說的不望而忽至的福啊！

何謂不望而忽至的禍？
李園不得治理國政，因而視您為仇敵，現在雖無機會殺您，可是他暗中豢養亡命之徒已久……
只待楚王一死，他必先行入宮，掌握政權而殺你滅口，這就是我所說的不望而忽至的禍啊！
何謂能左右吉凶的人呢？
您先安置我做近侍楚王的郎中，楚王一死，李園一定先行入宮，那時候我就替您把他殺了。
這就是我所說的，能左右吉凶的人啊！

先生放棄這個想法吧，你的好意我心領了。
李園是一個柔弱的人，我又一向善待他，無論如何他不會做出這種事情來。
唉，春申君大難臨頭還不自知呢……
朱英恐災禍臨身，於是就偷偷地逃走了。
過了十七天，楚考烈王死了。

李園果然先行入宮……
你們埋伏在棘門內，等春申君一到，立刻殺了他！
大王！
春申君一走進棘門，李園埋伏的死士便從兩面刺殺春申君。
哇！
並把他的頭割下，擲到棘門之外。

立刻到春申君府中，把他的家人全部殺光。
李園的妹妹最初得寵於春申君而懷孕所生的兒子遂被立爲楚王，是爲楚幽王。
哇！
啊！
太史公說：我到了楚國，看見春申君的故城和宮殿的建築，眞是偉大極了。當初春申君遊說秦昭王，和他捨身以送太子還國時，是多麼明智啊！但後來反而受制於李園，眞是年老而昏瞶了。俗語說得好：「當斷不斷，反受其亂。」春申君不採用朱英的諫言的結果不正是這樣嗎？

漫畫世說新語

席不暇暖
陳仲舉一言一行都足以爲士林的表率，每當他登車把韁，便有澄清天下之志。
有一次，他出任豫章太守，剛到那地方，便立刻說：
我要先去拜訪徐孺子。
大家的意思，想請太守您先到官署裡去。
周武王因敬重商容，到他住的地方向他致敬，匆匆忙忙連席都不及坐暖。我效法先王禮賢下士，有什麼不妥？

捨命全交
荀巨伯到遠方探望朋友的病，正好碰上胡賊來攻城。
我是將死之人，你還是快逃命去吧，不要管我了……
我自遠地來探望你，你卻要趕我走，為了貪求生命而敗壞義氣，豈是我荀巨伯會做的事？
全城的人都逃光了，你倆好大膽，敢留下來不走！
朋友病重，我不忍心捨他而去，情願犧牲自己換他活命。
我們這些無義之人，竟攻入這講義氣的國度……
……說罷，即將全軍撤回……

割席絕交
管寧和華歆一起在園中鋤菜，看到地上有一小塊黃金……
管寧把金子當作瓦石不去管它，華歆則撿起來，把它丟到遠處去。
又有一次，他倆同席讀書，門外有輛豪華馬車經過。
哇！好棒的馬車！
!
我們還是分席而坐，你不是我求學問道的朋友！

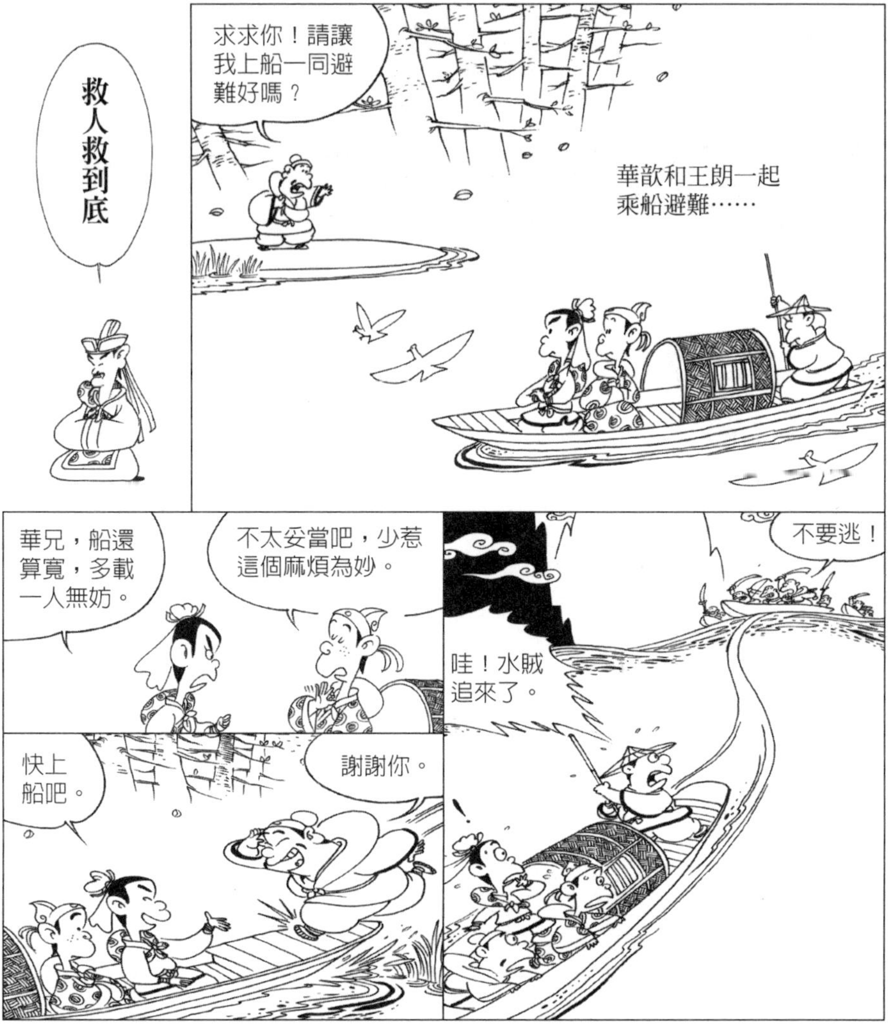
救人救到底
求求你！請讓我上船一同避難好嗎？
華歆和王朗一起乘船避難……
華兄，船還算寬，多載一人無妨。
不太妥當吧，少惹這個麻煩為妙。
快上船吧。
謝謝你。
不要逃！
哇！水賊追來了。

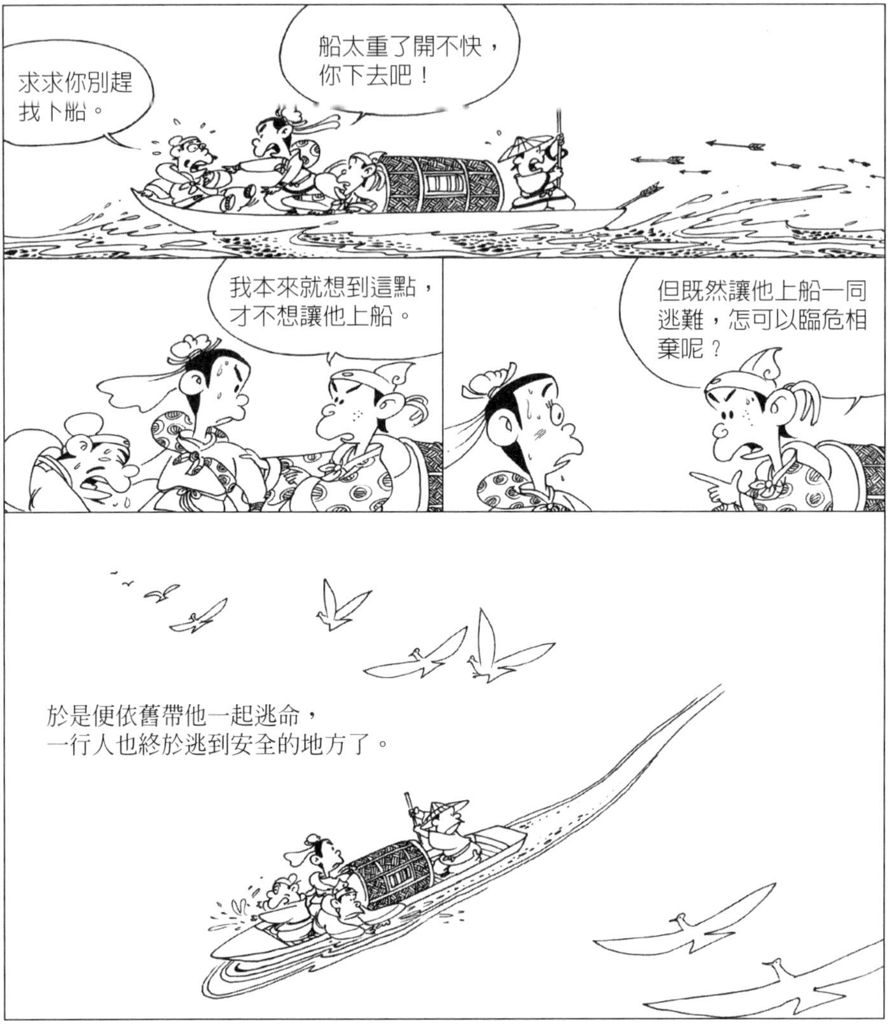
求求你別趕
我下船。
船太重了開不快，
你下去吧！
我本來就想到這點，
才不想讓他上船。
但既然讓他上船一同
逃難，怎可以臨危相
棄呢？
於是便依舊帶他一起逃命，
一行人也終於逃到安全的地方了。

喜怒不寄於顏
嵇康是曹操的孫女婿，曾在北魏當過官。
他常和光同塵，好惡不與人爭，換了朝代以後，他為了避怨，因而更加謹慎。
王戎與他相交二十年。
我和嵇康做了二十年的朋友，不曾看過他面露喜怒之色，永遠是一樣表情。

庾公不賣馬
庾亮有一匹
兇悍難馴的馬。
這匹馬太野了，
把牠賣了吧。
賣掉牠一定會有買的
人，這又害了別人；
怎可以把有害自己的
東西轉移給別人呢？
從前孫叔敖殺了兩頭蛇，
就是為了不讓後來的路人
看見，成為古人樂於傳頌
的佳話；
我效法他的做法，
不是很好嗎？

阮裕焚車
阮裕在剛縣時，曾有一輛好車，只要有人向他借車，他無不答應。
有一次，有個人爲了埋葬母親，想跟他借車，但又不敢開口。
!!!
一個人有車，卻讓別人不敢向他借，有車又有什麼用？
後來阮裕知道這件事，便把車子燒了。

褚裒有簡貴之風，
不喜歡多說話，
謝安很欣賞他。
褚裒雖不多說話，
但臉上自然有四時
之氣。
褚裒雖不批評
別人，但內心
自有褒貶。
桓彝後來也給褚裒
下了評語：
褚裒備四時之氣

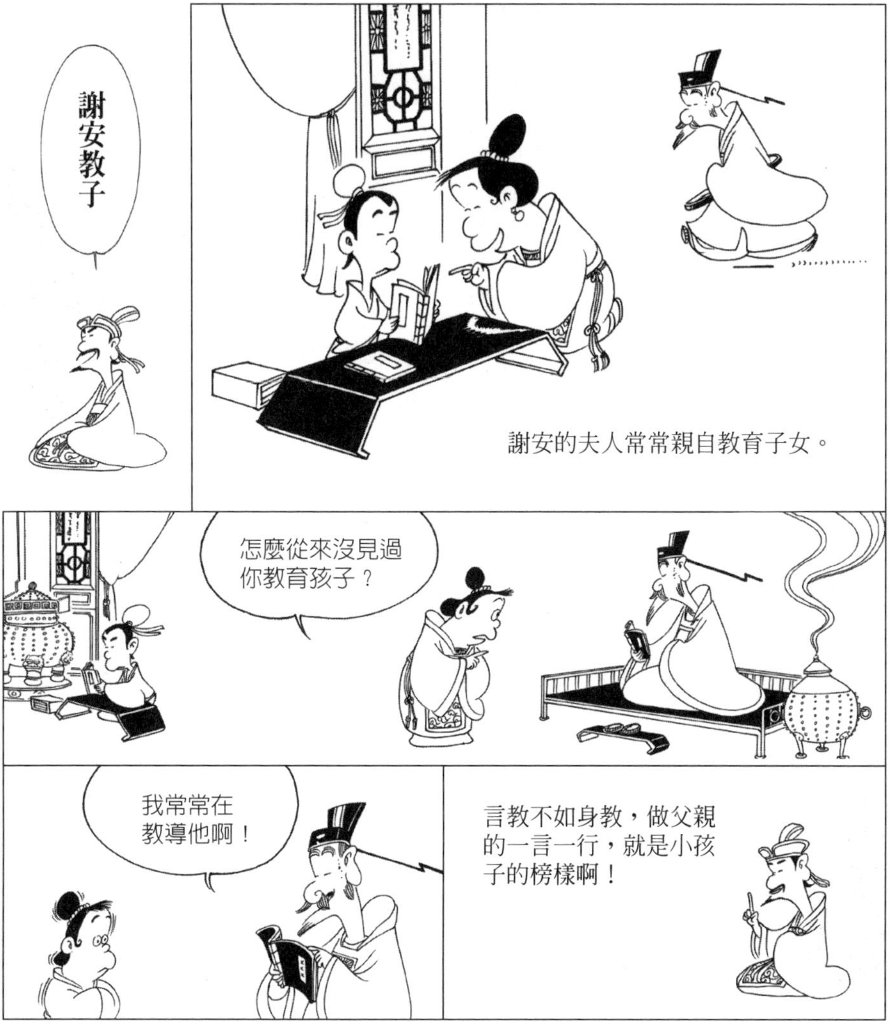
謝安教子
謝安的夫人常常親自教育子女。
怎麼從來沒見過你教育孩子？
我常常在教導他啊！
言教不如身教，做父親的一言一行，就是小孩子的榜樣啊！

以眼比月
徐孺子九歲時，有一次在月下嬉戲。
我考考你，假如月亮裡沒有黑影，那應該會更光明吧？
那倒不一定，你想，人的眼中如果沒有瞳仁的話，一定會失明！

床頭盜酒飲
孔融有兩個兒子，大的六歲，小的五歲。
有一天，小兒子趁孔融睡午覺時，趁機偷酒喝。
喝爸爸的酒，為何不向爸爸行拜謝禮？
既然是偷，還拜什麼謝禮？

鄧艾口吃
艾，艾……
鄧艾有口吃的毛病，每次一說話就「艾艾」個不停。
晉文帝取笑他說：
你說「艾，艾」，究竟是幾個艾？
《論語》楚狂接輿歌裡「鳳兮鳳兮」，其實只是一個鳳啊。

楚囚對泣
東晉南渡以後，每到空閒好日子，士族們就相邀到新亭飲宴。
風景是很不錯，但卻和北方故鄉的完全不同啊……
大家聽了，都相對流淚……
丞相王導看了非常生氣，站起來說：
我們應該同心協力，光復河山才是，怎可以像做了楚囚一樣相對而泣？

以簡對煩

高坐道人是西域來的和尚，不會講漢語。
他和名士交談，往往要靠翻譯。
後來周顗遇害，他坐在靈前用胡言念咒數千言，沒有人明白他念的內容。
忌中
高坐道人為何不學學漢語？
因為不會講漢語，可省去應酬的麻煩啊！

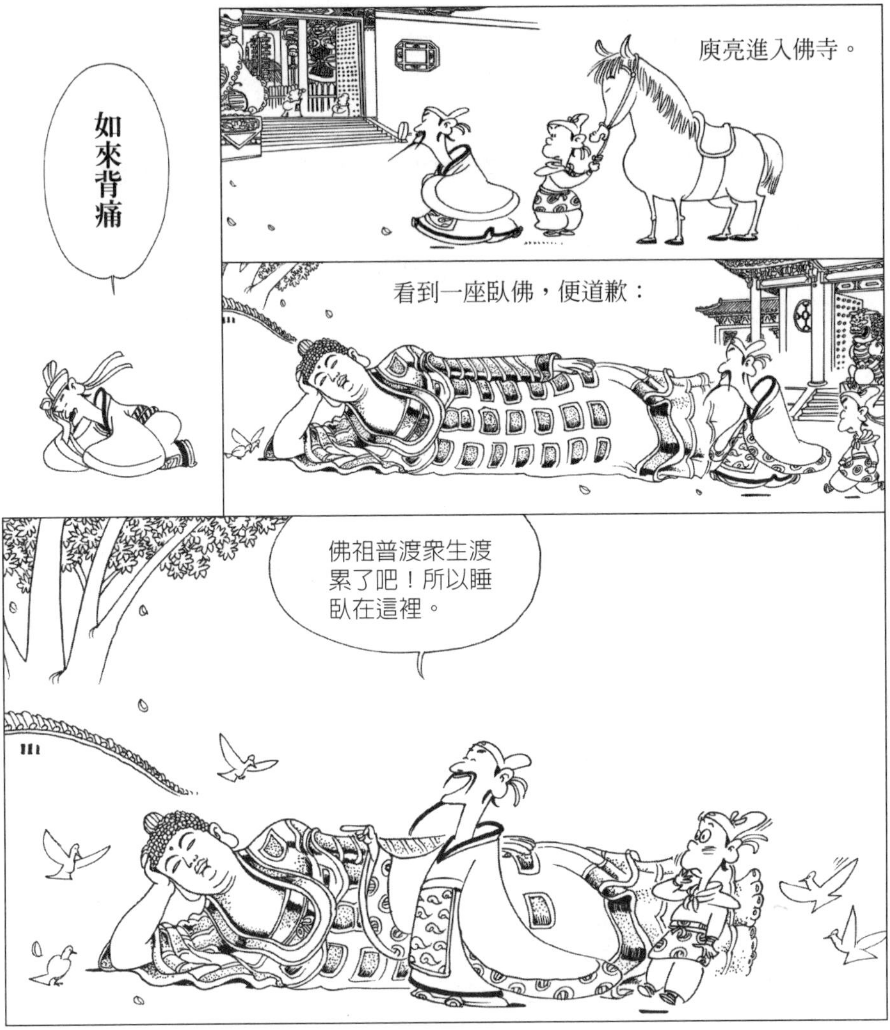
庾亮進入佛寺。
看到一座臥佛，便道歉：
佛祖普渡衆生渡累了吧！所以睡臥在這裡。
如來背痛

如遊蓬戶
簡文帝喜歡竺法深的德風，遣使迎法師到宮中小住，劉惔見了說：
和尚怎麼喜歡住朱門？
你自己才把這裡看作朱門，對我而言，這裡與破房子沒有不同。

貪者不與廉者不求
庾法暢有一把很名貴的拂塵，常常隨身不離。有一天他帶著拂塵去找庾亮……
這麼好的拂塵怎會一直留在你身上？
不貪心的人不會跟我要，貪心的人我不會給他，所以一直留在我手中。

支道林愛馬
支遁字道林，河內林慮人。
支道林經常養著幾匹馬。
和尚養馬不太好吧。
世人愛的是馬的形體，我愛的是馬的神駿。

文王之囿
王承做東海郡太守，爲政清廉。
大膽！敢私盜郡内池中魚。
報告！他偷捕池中魚。
哦……
從前文王的林園方七十里，百姓去採樵打獵都可以，我池中的幾條魚又算得什麼？

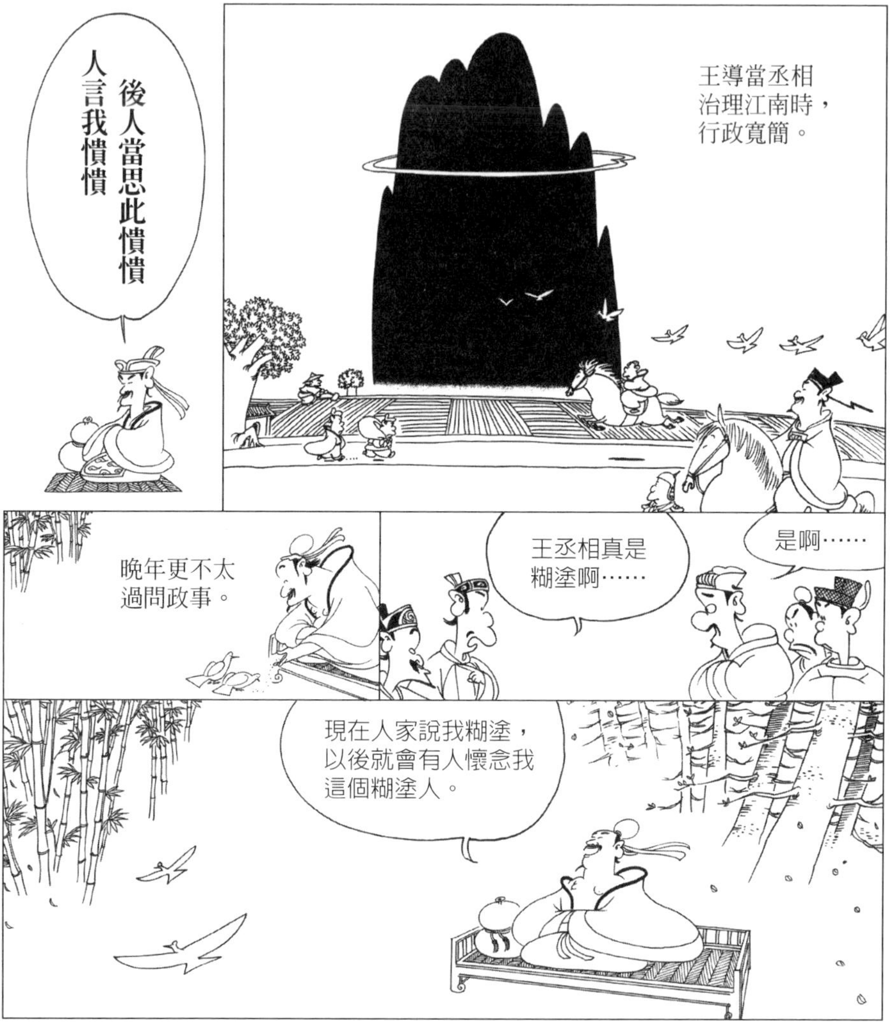
王導當丞相
治理江南時，
行政寬簡。
後人當思此憒憒
人言我憒憒
晚年更不太
過問政事。
王丞相真是
糊塗啊……
是啊……
現在人家說我糊塗，
以後就會有人懷念我
這個糊塗人。

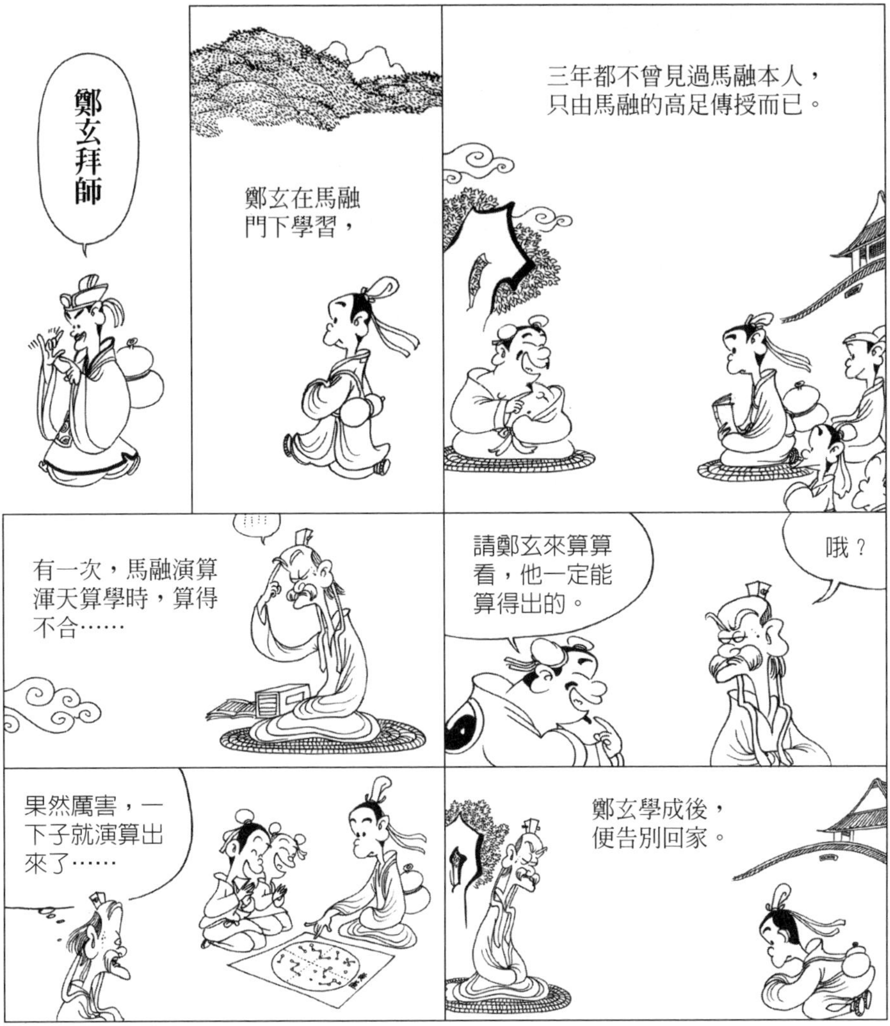
鄭玄拜師
鄭玄在馬融門下學習，
三年都不曾見過馬融本人，只由馬融的高足傳授而已。
有一次，馬融演算渾天算學時，算得不合……
請鄭玄來算算看，他一定能算得出的。
哦？
果然厲害，一下子就演算出來了……
鄭玄學成後，便告別回家。

在半路上，他懷疑馬融曾派人加害自己。
果然沒錯，老師怕我名聲壓過他……
於是他便躲到橋下，穿著木屐站在水中，靠在橋柱上。
不用追了，我已推算出鄭玄所在之處了。
他現在在土下，水上，身上依靠著木頭，這是個死兆。
十成是進棺材了。

向郭二莊
魏晉時，注解《莊子》的有數十家，其中以向秀注得最好。但還差《秋水》、《至樂》兩篇沒注完，向秀就死了。
郭象這人，才高而品行不好，他見向注不傳於世，便竊爲己有。
另自注《秋水》、《至樂》兩篇，又換注了《馬蹄》一篇。
莊子
郭象注解
注解得好棒哦！
郭象的《莊子注》問世以後，向秀《莊子注》也被發現了。
莊子
向秀注解
莊子
郭象注解
咦？兩本注得一樣。
所以現在通行的《莊子》解義有向注、郭注兩種版本，但內容都一樣。

白馬論
謝安年輕的時候，請阮裕講解白馬論……
趙人公孫龍子曰：白馬非馬，馬者所以命形……
我知道你講得很有見地，
可是我還是聽不懂！
唉！不但能講解白馬論的人不可得，就是聽得懂白馬論的人也不可得！

財本糞土
官本臭腐
有人問
殷浩說：
為什麼人要得到官位，
就會夢見棺材；
將要得到財富，
就會夢見糞便？
官位本是臭腐
的東西，所以
將得官就會夢
見棺材。
錢財本如糞土，
所以將得就會夢見糞便。

三日不讀經
其言也無味
殷仲堪很喜歡黃老之術，
每天都看《道德經》。
他每天都帶著
《道德經》。
我三天不讀老子的《道德經》，便覺得舌根生硬，言語無味。

七步成詩
曹植才思過人，深得曹操喜愛，想廢曹丕改立曹植爲太子。
曹操死後，曹丕即位，對曹植百般欺侮。
!
令你七步之內作一首詩，若不能完成便殺死你。
煮豆持作羹，漉菽以為汁。萁在釜下燃，豆在釜中泣。本是同根生，相煎何太急！

謝安問主簿陸退說：
張憑為什麼只替他母親作誄文，而不替父親作誄文？
因為男人的德行，已表現在事業行為之中，早為世人所知；
而婦女的美德善行只表現在家裡，不靠誄文，何以傳世？
非誄不顯婦人之美

對子罵父
是無禮
陳太丘和朋友相約出遊，過了約定的時刻，朋友還是沒來，太丘不等他而先走了。
尊大人在家嗎？
等你很久不來，他已經走了。
真不是人！和人約好一起去的，卻拋下別人先走。
你和家父約好中午一起走，到了中午卻不來，是不講信用。當著兒子的面罵父親，更是沒有禮貌。
友人慚愧，下車想拉陳元方的手，元方逕自入門不理他。

阮修論鬼神
阮修和別人討論爭執鬼神的有無……
人死了當然就變成鬼吧！
錯錯錯！
一定有鬼的。
沒有鬼的事！
看見鬼的人說鬼穿著生前的衣服。
若說人死了，精神就變成鬼，難道衣服也有精神，也變成鬼嗎？

義無虛讓
王述官升尚書令，
令到便行，毫不謙讓。
爸爸，你應該謙讓一下啊……
你認為我不能稱職嗎？
怎會不稱職，但謙讓是美德啊！禮俗上恐怕不能免。
人之處世，當先量己而後動，義無虛讓。你年紀輕輕就學會這套虛禮……
人家都說你將來會勝過我，我看倒是未必！

臨刑不變色
嵇康年輕時傲世，不為物用；上不臣天子，下不事王侯，因而得罪了朝廷。
琴帶來沒有？
在洛陽東市，臨刑前，他神氣不變。
嵇康接過琴，便彈了一曲《廣陵散》。
從前袁孝尼想學《廣陵散》，我捨不得教他，如今《廣陵散》是注定要絕傳了。
嵇康被殺後，晉文王也覺得很後悔。

王戎不摘李
王戎七歲時，
和小朋友在路邊玩，見路旁的李樹結了很多果實。
別的小孩都爭相爬樹摘李子，只有王戎不動。
王戎！你為什麼不摘？
樹在路旁，能夠保存這麼多果實，這些李子一定很苦。
我不相信。
哇！果然很苦。
嘻！

東床快婿
郗太傅在京口時，派遣門生送信給王丞相，要求選個兒子做他女婿。
你到東廂去隨意挑選吧。
是！
門生選完，回來報告郗太傅說：
王家那些兒子都很不錯，聽到我來選婿，大家都很拘謹。
但有一個躺在東邊床上，腹仰臥著，根本不當一回事。
這個好，就選他吧！
打聽之下，那個人便是王羲之，於是就把女兒嫁給他。

中夜奏胡笳
劉琨遭胡騎圍困在城中，大家都急得毫無對策。
到了晚上，劉琨便登上城牆，發聲長嘯。
嘯聲淒涼，胡人聽了很感動。
中夜以後，他又叫人吹胡笳，
胡人思鄉情切，不覺為之落淚。
連著幾個晚上，夜夜胡笳，胡人終於棄城回鄉了。

謝安下棋如故
前秦苻堅率兵八十萬南下，
想一舉攻下東晉，
朝廷派精兵八萬到淮上決戰。
謝安在別墅與侄子下棋，
忽然前方戰報到來。
戰報。
謝安看完信，
默默無語繼續下棋。
前方勝負如何？
快說啊，我們都急死了。
小孩子們已經把敵人打敗了。
!
!

劉備善乘邊守險
曹操問裴潛說：
你以前曾和劉備同住荊州，你認為劉備才能如何？
如果劉備住在中原，會使人心紛亂，不足以治理人民。
但若他佔有邊陲，便足為一方的霸主。

見機而退
張翰在齊王辟的手下當官。
有一年，見秋風起，想到家鄉菰菜羹、鱸魚膾的味道。
人生難得幾回痛快，又何必在官場傷腦筋。
於是就辭了官，雇車還鄉。
不久，發生八王之亂，齊王終於失敗。
你有先見之明，藉機急流勇退，並不是為了家鄉的菰菜鱸魚。
哪裡哪裡！
在家鄉吃鱸魚與在京城做大官何者爲樂？出於自己的志趣順其自然，就是對的。

王述晚成
王述爲人晚成，當時人都說他呆癡。由於他是王承的兒子，丞相王導就延用他爲掾史。
對。
對。
好
王導常在家中與朋友清談，王導每次說話，眾人無不爭相讚美。
主人並非聖人，怎能事事都對呢？
不錯不錯，講得真對。
王丞相大爲歎賞，卻氣死了在座的客人。
真是個不識相的呆瓜！

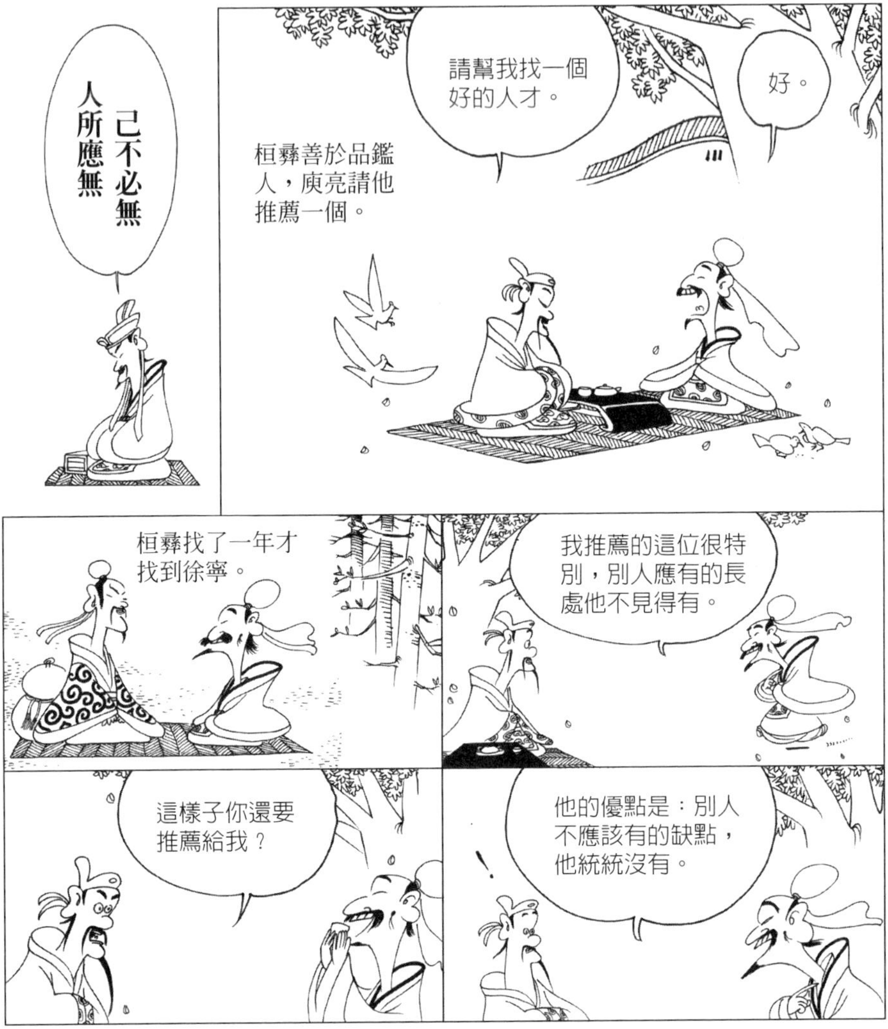
己不必無
人所應無
桓彝善於品鑑人，庾亮請他推薦一個。
請幫我找一個好的人才。
好。
桓彝找了一年才找到徐寧。
我推薦的這位很特別，別人應有的長處他不見得有。
這樣子你還要推薦給我？
他的優點是：別人不應該有的缺點，他統統沒有。
！

以長勝人
處長亦勝人
王濛稱讚殷浩說：
殷浩不只以他的長處勝過別人，
就是處理自己的長處也勝過別人。

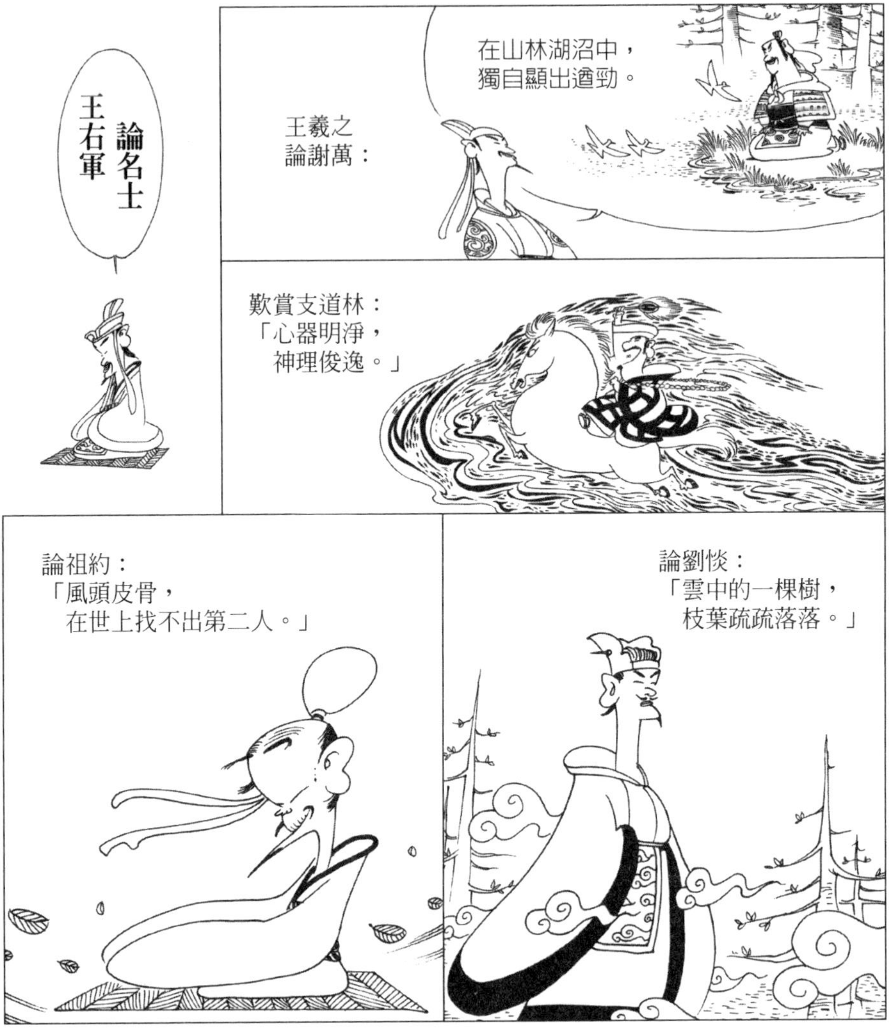
王右軍論名士
王羲之
論謝萬：
在山林湖沼中，
獨自顯出遒勁。
歎賞支道林：
「心器明淨，
神理俊逸。」
論祖約：
「風頭皮骨，
在世上找不出第二人。」
論劉惔：
「雲中的一棵樹，
枝葉疏疏落落。」

知我勝我自知
王濛與劉惔齊名，
時人把王濛比袁曜卿，
把劉惔比荀粲。
他們兩人也相知甚深，
互相欣賞。
王濛常說：
劉惔對我的瞭解，
比我更瞭解我自己。

而能不言
不能言
清談名家劉惔話說多了，
也慢慢欣賞不說話的人。
他見江灌不常說話，
非常欣賞。
江灌不會說話，
而能夠不說話。
這點很令我
佩服。

王大自是三月柳
王恭和王忱交情很好，因誤信袁悅流言，便相疏遠。
但王忱很可愛，王恭雖不與他往來，卻常常想念他。
一天早上，王恭散步到京口射堂前，見梧桐新發，枝芽掛露。
王大自是三月柳，令人相思。

駑牛勝駑馬
龐統到吳國，與吳國的很多名士交往，龐統見了陸績、顧劭。
陸子像駑馬，有逸足之用，顧子像駑牛，可以負重致遠。
你是說陸績強過顧劭？
駑牛一天只能走百里，但豈止載一人？
駑馬雖快，只能坐一個人。

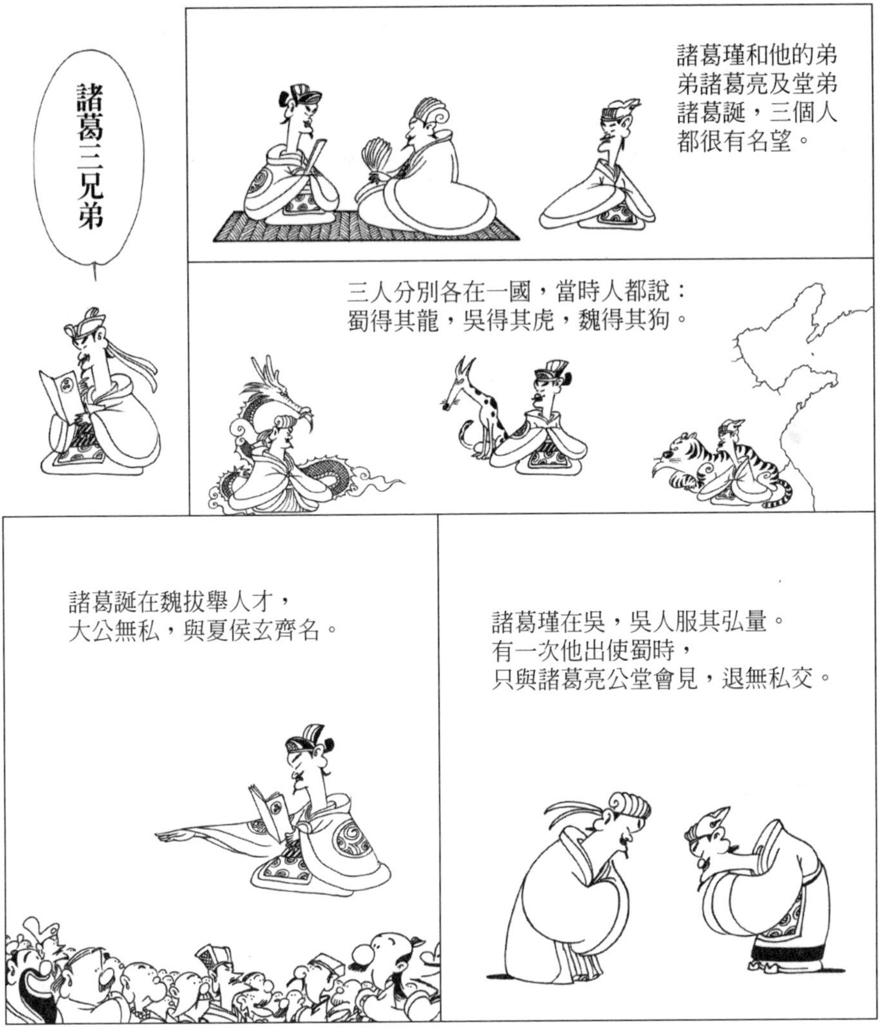
諸葛三兄弟
諸葛瑾和他的弟弟諸葛亮及堂弟諸葛誕，三個人都很有名望。
三人分別各在一國，當時人都說：蜀得其龍，吳得其虎，魏得其狗。
諸葛誕在魏拔舉人才，大公無私，與夏侯玄齊名。
諸葛瑾在吳，吳人服其弘量。有一次他出使蜀時，只與諸葛亮公堂會見，退無私交。

阮裕兼有
四人之美
時人都說阮
裕骨氣不如
王羲之。
簡秀不如劉惔。
美潤不如王濛。
思維細緻
不如殷浩。
可是阮裕卻兼有他們
四人的這些美德。

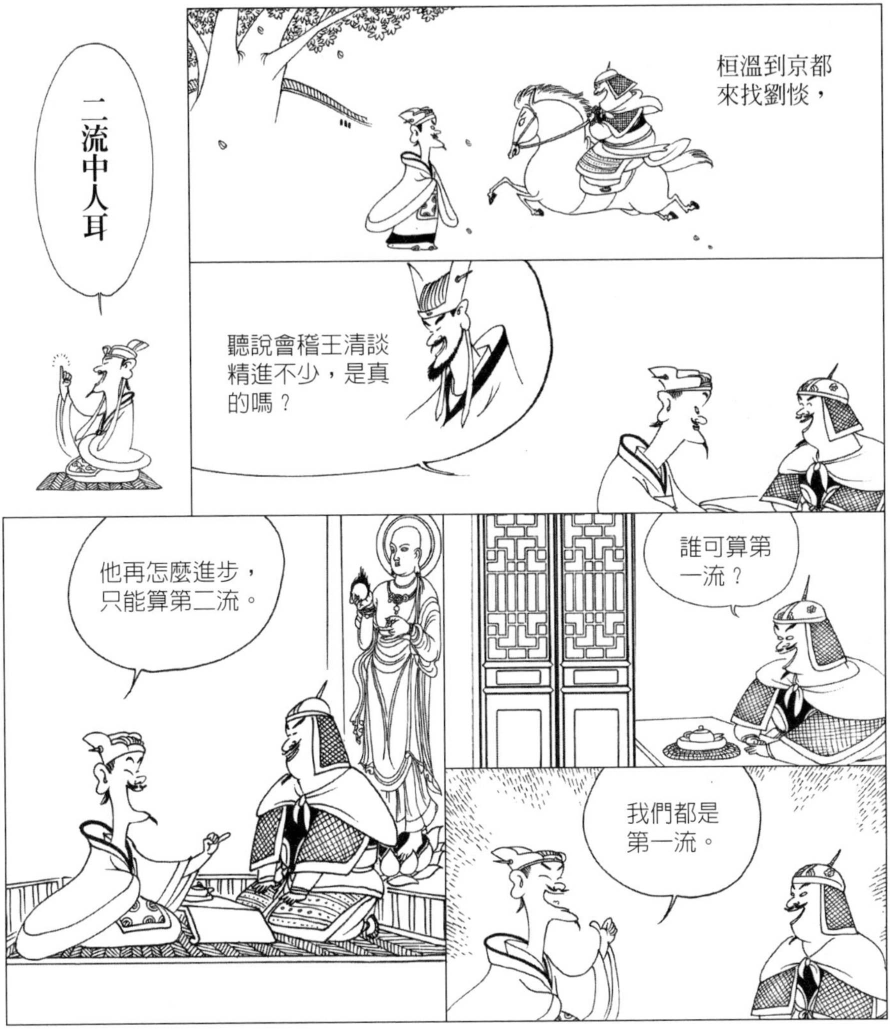
二流中人耳
桓溫到京都
來找劉惔，
聽說會稽王清談
精進不少，是真
的嗎？
誰可算第
一流？
他再怎麼進步，
只能算第二流。
我們都是
第一流。

辭勝理不如
劉惔到王濛家中清談，王濛的兒子王修倚在床邊聽。
謝謝招待，告辭了。
慢走。
爸爸，劉惔的談吐比起您來，如何？
聲音清亮，措詞切當，他不如我。
但言理中肯，切中要點，我又不如他。

不能復語卿
卿喜傳人語
有人問
桓溫說：
謝安和王坦之比起來誰強誰弱？
我認為……
！
你這人喜歡到處亂講話，我不能告訴你。

吉人之辭寡
王羲之的三個兒子找謝安閒聊。王徽之、王操之多談些俗事，
王獻之只寒暄一下而已。
這三位兄弟誰比較好？
小的最好。
何以見得？
吉人之辭寡，躁人之辭多。

武帝不忘哺乳恩
漢武帝的乳娘犯了罪，武帝想依法處罰她，乳娘便向東方朔求救：
這件事由我向武帝講好話是沒有用的。
不如這樣，等一下武帝找妳問話後，妳離開時要頻頻回頭看武帝，但不可說話。這樣或許有萬一的希望。
於是乳娘去見武帝時，照著東方朔的話做。
妳真糊塗！皇上哪還記得妳餵乳時的恩情啊！
!
算了算了！赦免她的罪吧。
謝謝聖上。

錦被風波
陳元方喪父，哀痛哭泣，以至於骨瘦如柴。
他的母親憐惜他，就偷偷地用錦被替他蓋上，
正好郭泰來弔祭，看到了……
你是天下的才俊之士，天下人均以你為模範，你怎可以在喪期內蓋錦被呢？
孔子說：「穿錦衣，食稻米，你的心安嗎？」我真為你慚愧！
自此以後，近百日沒有賓客上門。

元帝戒酒
晉元帝
性素好酒。
……
渡江以後，
還貪杯中物，
王導常流淚苦勸……
皇上應以復
國為重，把
酒戒了吧。
好吧。再斟
酒一杯。
是。
元帝喝罷，
將杯覆在地上，
從此不再喝酒了。

闊
曹操做宰相時，
有一天去看相府
施工的情形。
他在門框上題
了一個「活」
字就離開了。
活
工人們都不知道
這是什麼意思？
活
楊修見了
便說：
把大門拆掉，
改小一點兒。
為什麼？
對啊！
怎麼沒
想到……
門中加「活」不就
是「闊」字嗎？丞
相嫌門太大了。

合字玄機
有人送給曹操一壇酪，曹操喝了幾口，
就在蓋子上題了一個「合」字。
為什麼寫一個「合」字？
什麼意思？看不懂啊……
楊修一看，便把酪打開，喝了一口，
魏王請我們一人喝一口酪，大家快喝啊！
人一口……

曹操和楊修同行，路過曹娥碑。
碑的背面還題了八個字呢……
黃絹幼婦外孫齏臼
這四句的意思你懂嗎？
懂。
你先別說，讓我想想看。
曹操邊走邊想，走了三十里。
哈哈哈，我終於明白四句的意思了。
絕妙好辭

我把答案說出來，看看與你的答案是否一樣？
黃絹，色絲也，是個「絶」字。幼婦，少女也，是個「妙」字。外孫，女子也，是個「好」字。齏臼，受辛也，是個「辭」字。
四句合起來就是「絶妙好辭」四個字。
我的文才不如你，足足相差了三十里之遙。

何晏明惠若神
何晏的父親早死，曹操便納晏母爲妾，因此何晏便隨母住在宮裡。
這小孩很討人喜歡，我想收他為子。
何晏知道曹操想把他收歸曹家，便在地上畫一方格，並坐在格子中間。
幹麼坐在這裡不出來？
這裡是何家的房子啊！
曹操知道後，便把何晏送出宮。

日近日遠
晉明帝小的時候，坐在元帝膝上……
你知道長安和太陽哪個比較遠？
太陽遠啊！
為什麼？
只聽有人從長安來，沒聽過有人從太陽來的。
第二天，元帝集群臣宴會，把昨天的故事說了一遍。
你說太陽和長安哪個比較近？
太陽比較近。
你怎麼說得跟昨天不同？
我抬頭就能看到太陽，卻看不到長安啊。

心靜自然涼
晉孝帝小的時候，
冬天白天只穿單衣；
夜裡卻蓋上
多重棉被。
謝安勸
他說：
陛下這樣白天太
冷，晚上太熱，
不合養生之道。
夜裡很靜，
我的心也很靜，
就不會太熱了。

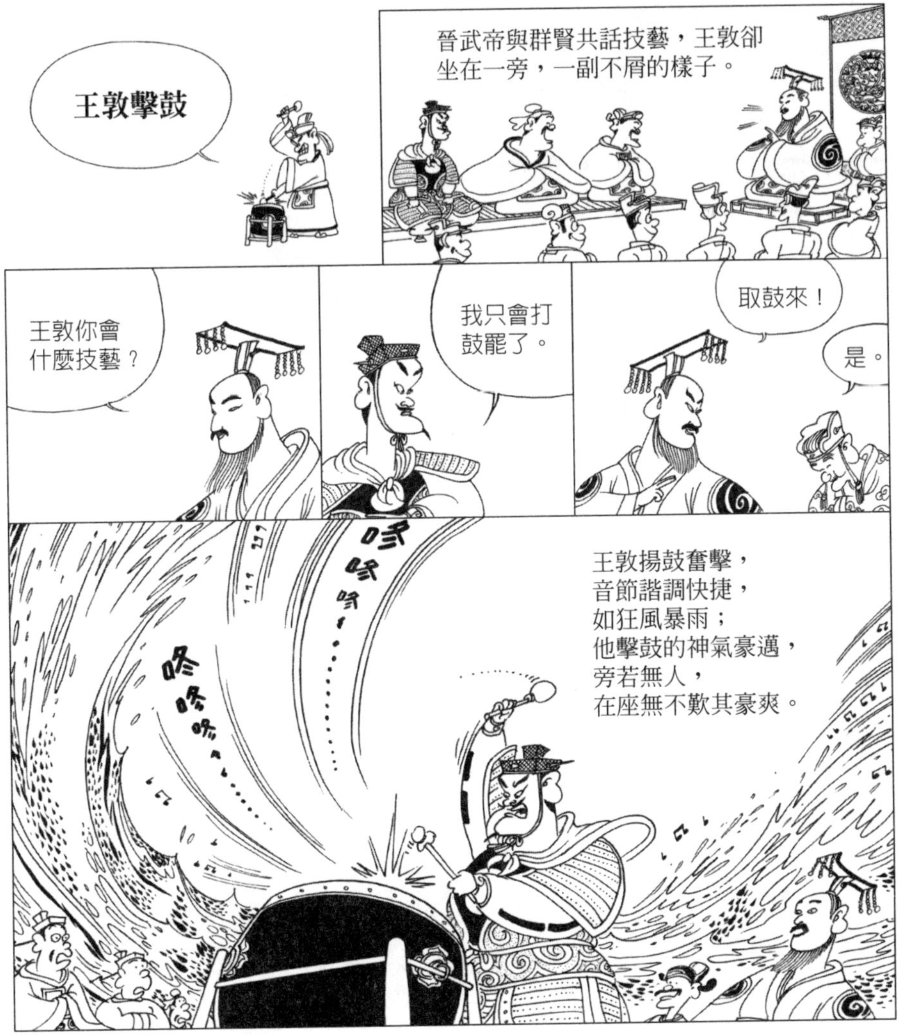
王敦擊鼓
晉武帝與群賢共話技藝，王敦卻坐在一旁，一副不屑的樣子。
王敦你會什麼技藝？
我只會打鼓罷了。
取鼓來！
是。
咚咚咚
咚咚咚
王敦揚鼓奮擊，音節諧調快捷，如狂風暴雨；他擊鼓的神氣豪邁，旁若無人，在座無不歎其豪爽。

王敦驅婢妾
世人贊許王敦爲高尚之士；
他曾經沉迷於女色，
你太恣欲於女色了，這樣身體容易弄壞啊！
我自己竟然沒注意到，不過這點好辦！
於是就打開後門，遣走婢妾數十人，
讓她們自由離去。當時人都爲之讚歎。

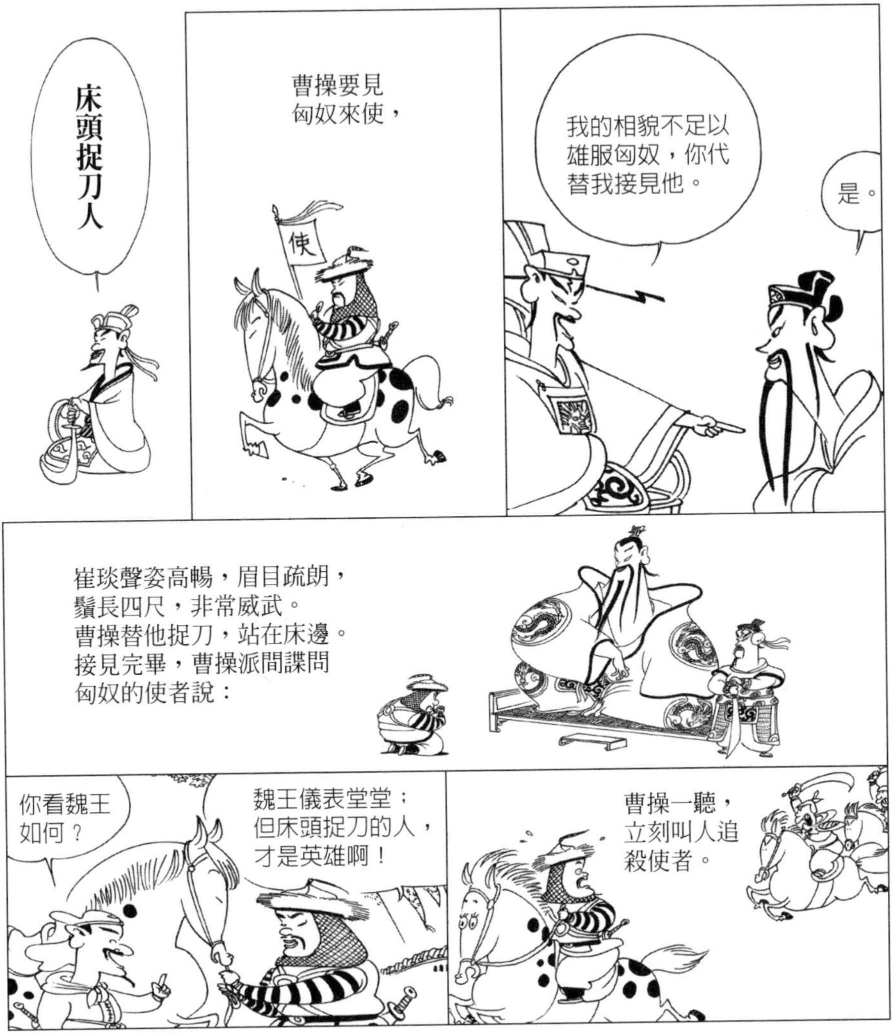
床頭捉刀人
曹操要見匈奴來使，
我的相貌不足以雄服匈奴，你代替我接見他。
是。
崔琰聲姿高暢，眉目疏朗，鬚長四尺，非常威武。曹操替他捉刀，站在床邊。接見完畢，曹操派間諜問匈奴的使者說：
你看魏王如何？
魏王儀表堂堂；但床頭捉刀的人，才是英雄啊！
曹操一聽，立刻叫人追殺使者。

人小心不小
劉伶身材矮小，
相貌非常醜陋，
但他肆意放蕩，
悠然自得，
神遊於天地間。
天地眞是太小了。
因而認爲宇宙太狹窄了。

周處除三害
周處年輕時，
橫行霸道，
魚肉鄉民。
同時，義興水中有蛟龍，
山中有惡虎，三者都危害
鄉里，當地人就把他們合
稱「三橫」。
你與蛟龍惡虎
比起來，不知
道誰較厲害？
還用說，當
然是我啦！
於是周處就
入山去刺虎。
打打打打打
打打打打！
砰砰砰
三橫少了
一個了。

接下來就輪到
水中蛟龍了。
周處下水斬蛟
已經三天三夜了，
大概是死了。

好棒哦，三橫統統死了。
從此我們可以安心過日子了。
太好了。
哇！周處沒有死！
!
哇！
哇！
我為你們除掉兩大害，你們為何還希望我死呢？

周處雖有心改過自新，可是鄉里中人還是非常怕他……
而吳郡大族的陸機、陸雲兩兄弟都受人敬仰……
於是周處便到陸家見陸雲。
我想改過自新，奈何歲月已逝，今生恐將一事無成吧。
一個人怕的是大志不立，如果有志，又何愁名聲不顯揚呢？
於是周處改過自新，終於成了英雄豪傑。

戴淵投劍
戴淵少年時，
常在江淮一帶攻掠商旅。
陸機告假返回洛陽，
被戴淵碰上。
老大，肥
羊來了。
嘿！瞧你是個英雄豪傑，
幹麼做這等打劫的勾當？

若蒙不棄，我便放下屠刀跟你上京去。
好！
陸機果眞推薦他到洛陽做官，渡江以後，官拜征西將軍。
王羲之與謝安、孫綽等，集於會稽山陰之蘭亭，修禊賦詩，羲之作序。
蘭亭集序
哇！寫得太好了……

這篇《蘭亭集序》
可以比美石崇的
《金谷詩序》。
真的？
王羲之因爲能與石崇
相抗衡，非常得意。
哼哼。
王仲宣
好驢鳴
王粲生前喜歡
聽驢子的叫聲，
他死後，魏文帝
曹丕前來弔喪，
壽
福

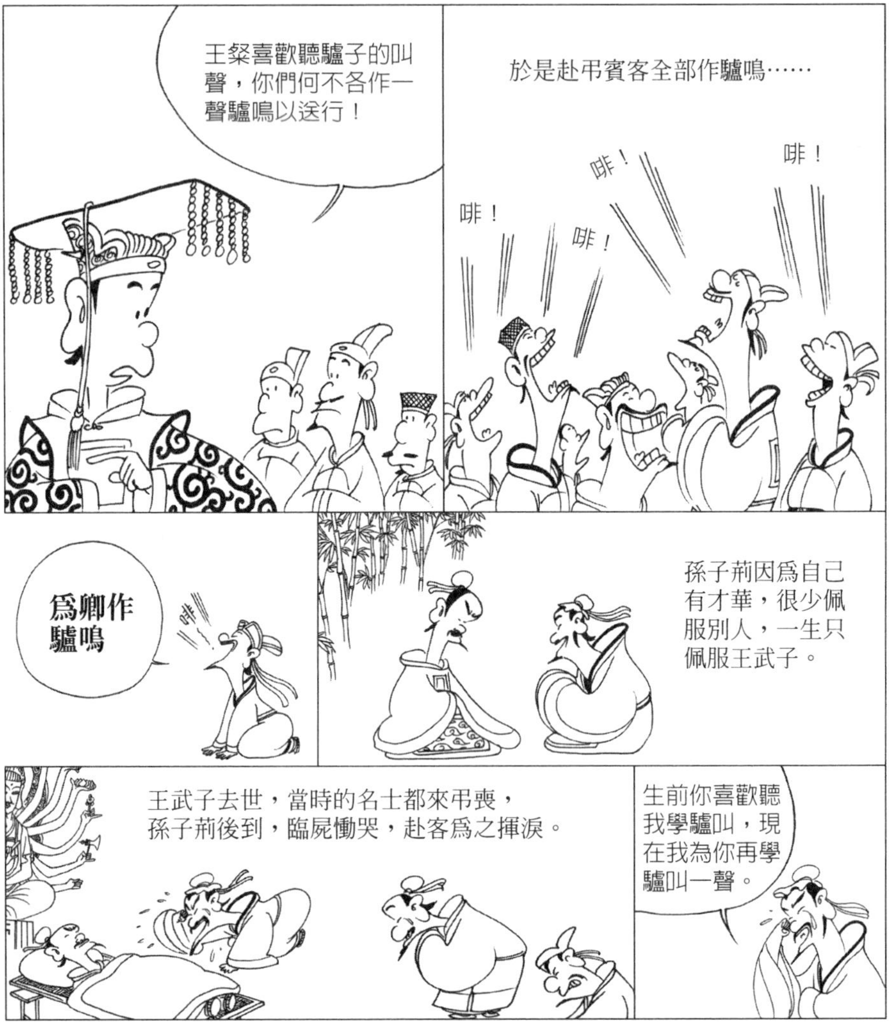
王粲喜歡聽驢子的叫聲，你們何不各作一聲驢鳴以送行！
於是赴弔賓客全部作驢鳴……
啡！
啡！
啡！
啡！
爲卿作驢鳴
啡
孫子荊因爲自己有才華，很少佩服別人，一生只佩服王武子。
王武子去世，當時的名士都來弔喪，孫子荊後到，臨屍慟哭，赴客爲之揮淚。
生前你喜歡聽我學驢叫，現在我為你再學驢叫一聲。

啡！
嘻
嘻
嘻
可恨天讓你們活著，而叫這個人死去！
靈床鼓琴
顧彥先生平喜歡彈琴，

死後，家人把琴
放在靈床上，
張翰來弔喪時悲慟異常，
就上靈床彈奏數首。
顧彥先是否喜歡
聽此琴音？
說罷，又大哭起來，
竟忘了執孝子手的
禮數就出去了。

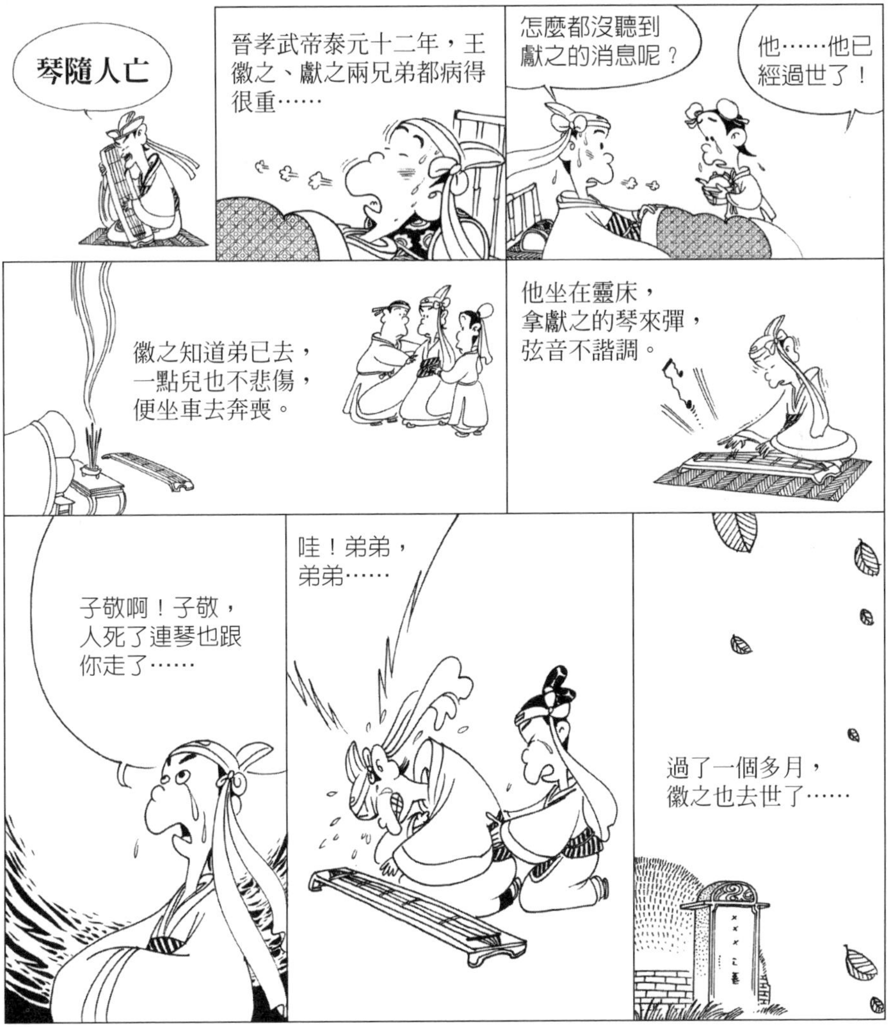
琴隨人亡
晉孝武帝泰元十二年，王徽之、獻之兩兄弟都病得很重……
怎麼都沒聽到獻之的消息呢？
他……他已經過世了！
徽之知道弟已去，一點兒也不悲傷，便坐車去奔喪。
他坐在靈床，拿獻之的琴來彈，弦音不諧調。
子敬啊！子敬，人死了連琴也跟你走了……
哇！弟弟，弟弟……
過了一個多月，徽之也去世了……

觀點不同
戴逵隱居會稽剡山，
以琴書自娛，
朝廷請他出來做官，
他也不就。
而他的哥哥戴逯，
卻立志功名，
官拜大司農。
謝安問他說：
你們兄弟的志向為
什麼差別這麼大？
下官不堪其憂，
家兄不改其樂。

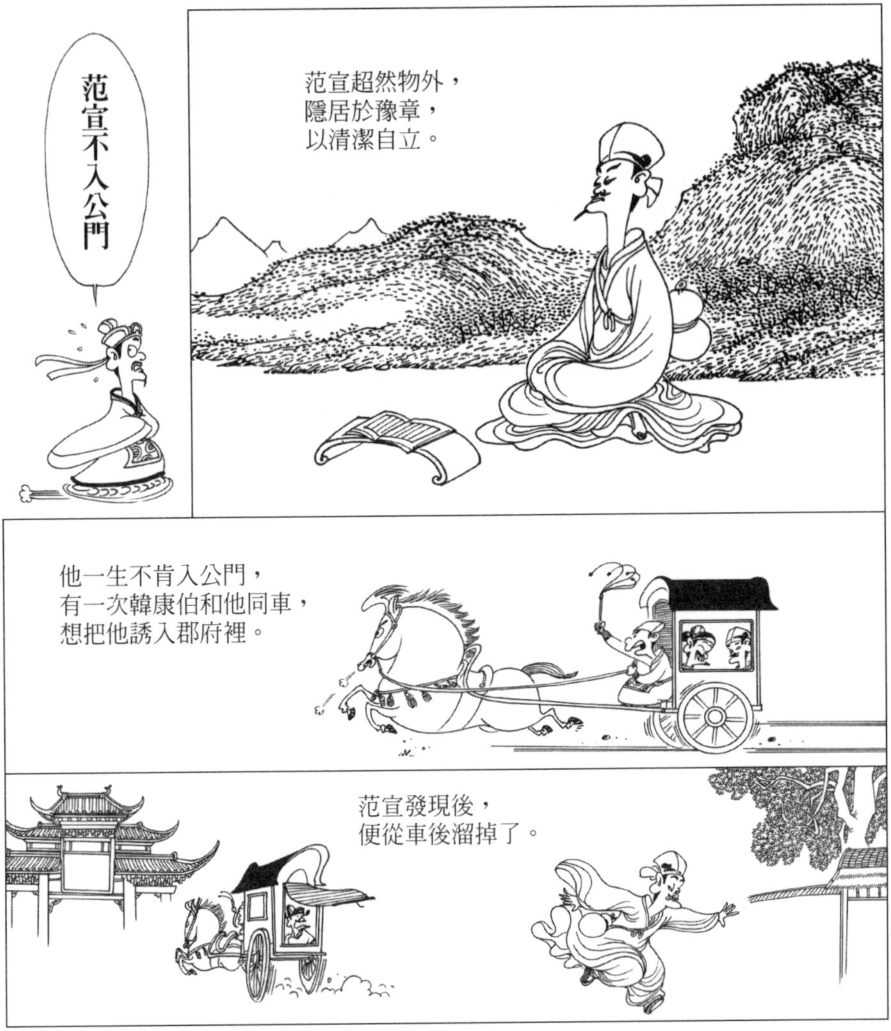
范宣不入公門
范宣超然物外，
隱居於豫章，
以清潔自立。
他一生不肯入公門，
有一次韓康伯和他同車，
想把他誘入郡府裡。
范宣發現後，
便從車後溜掉了。

許掾好遊山水
許掾喜歡遊山玩水，
他的身體非常硬朗，
登山時健步如飛。
許掾不但有遊山
玩水的雅興，
也有能讓他遊山
玩水的身體。

慎勿爲好
趙母嫁女，臨別時告誡女兒說：
嫁過去得千萬別強欲做好事，免遭人忌妒。
不要做好事，那麼可以做壞事嗎？
好事都不能做了，何況做壞事呢！

王湛選妻
隨你自己的意，選一個老婆吧。
王湛年輕時有點兒傻，他父親怕他討不到老婆……
我想娶隔壁郝普的女兒。
好啊！
郝女過門後，不但姿容好，而且非常賢慧。
你怎麼知道郝女賢淑呢？
我曾看她在井邊取水，舉止容貌不失常，看她的背影就知道賢淑。

韓母隱古几
卞鞠不喜歡舊家具，
因此把家具全都換成新的。
後來發現他母親還把
一張舊桌子留著。
為什麼不把它
弄掉換新的呢？
舊東西不留著，將來
古物從哪裡來？

委罪於木
王導請郭璞作卦算命。
唉呀！丞相
有雷劈之厄！
能否破除
此厄？
可用柏樹替
代以消災。
於是王導令人取
一截與自己一般
高的柏樹，放在
床上……
王敦知道後說：
丞相的災是消
了，柏樹卻無
端遭了殃。

坐隱與手談
王坦之說：
下圍棋是坐隱。
支道林說：
下圍棋是用手交談。

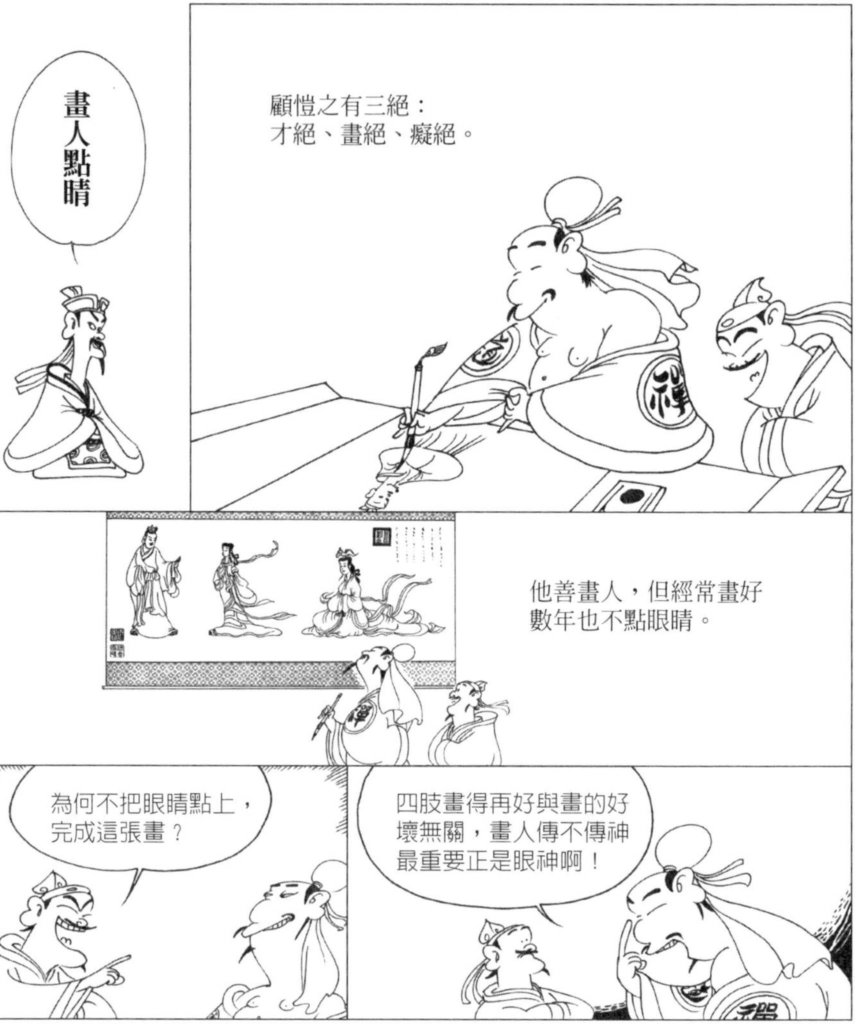

畫人點睛
顧愷之有三絕：
才絕、畫絕、癡絕。
他善畫人，但經常畫好
數年也不點眼睛。
為何不把眼睛點上，
完成這張畫？
四肢畫得再好與畫的好
壞無關，畫人傳不傳神
最重要正是眼神啊！

顧愷之的畫論
顧愷之說：
畫「手揮五弦」的樣子容易，
畫「目送歸鴻」的神態很困難。

我成輕薄京兆尹
許詢停留在
京都一個月，
劉惔每天都
去找他清談。
後來，劉惔歎息說：
你再不走的話，
我會變成不盡責
的京兆尹了。

竹林七賢
阮籍、嵇康、山濤
三人年齡相近，
其中嵇康稍小一點點。
加上劉伶、阮咸、向秀、王戎七人
常集於竹林之下，肆意喝酒暢談。
所以世人都稱他們爲「竹林七賢」。

劉伶戒酒
劉伶喝酒過度，中了酒毒，一旦不喝便飢渴難忍。
太太，求求妳給我點兒酒喝吧……
哼。
求求你，為了你的身體著想，把酒戒了吧！
好，好，妳準備點兒祭品，我對神立誓才戒得成。
好。
天生劉伶，以酒為名，一飲一斛，五斛解酲。
婦人之言，慎不可聽。
又喝酒醉了！

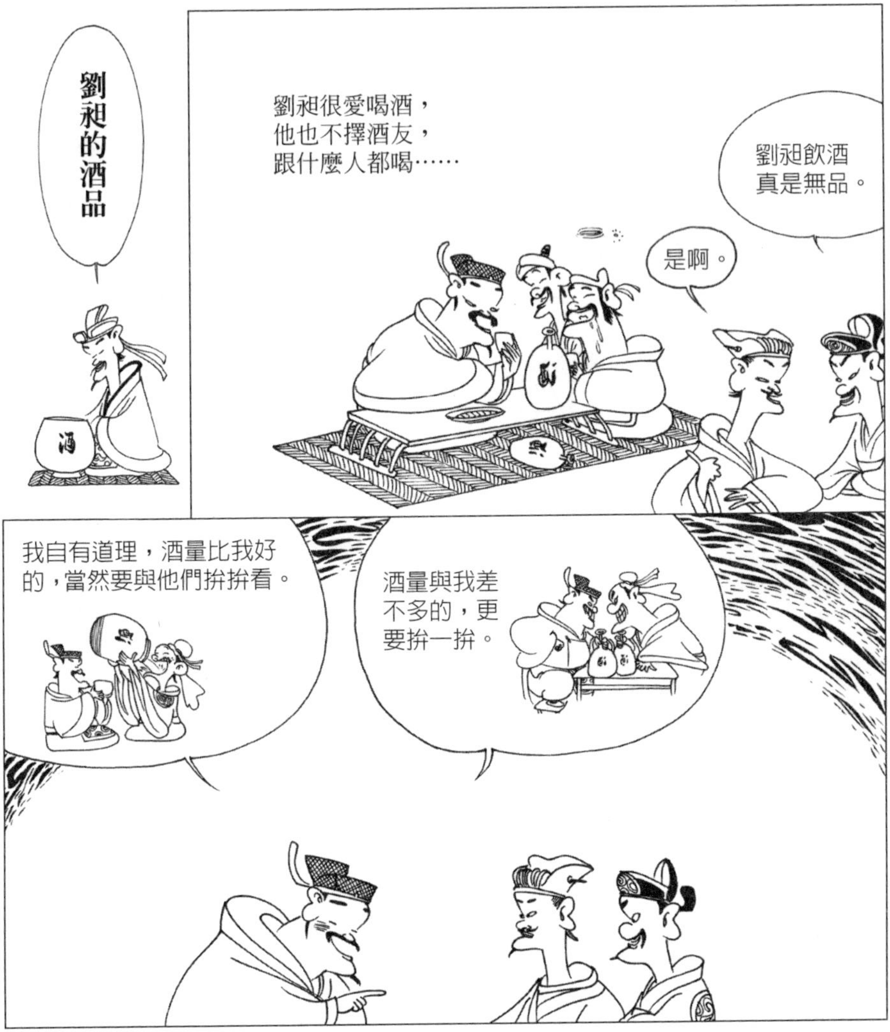

劉昶的酒品
劉昶很愛喝酒，
他也不擇酒友，
跟什麼人都喝……
劉昶飲酒
真是無品。
是啊。
我自有道理，酒量比我好
的，當然要與他們拚拚看。
酒量與我差
不多的，更
要拚一拚。

酒量比我差的，也要
讓他有機會拚一拚啊！
因此，劉昶每天
都喝得醉醺醺的。
房子是褲子
劉伶常喝酒放縱，
有一次，
他喝完酒就把
全身衣褲脫光，
啊！
喝酒喝到這
樣子，真是
不像話！

天地就是我的房子，
房子就是我的褲子，
你跑進我的褲子幹麼？
張翰放任不拘小節，
當時大家稱他爲「江東步兵」。
身後名
張翰不留

你只為一時的快樂，不為死後留名嗎？
身後浮名，不如眼前的一杯酒！
拍浮酒池中
畢卓做吏部郎，酷愛杯中物，因盜飲公家酒而被捕。
渾蛋！開除你。
是。
他被免職後，還是嗜酒如故。

只要一手拿蟹腳，
一手拿酒杯，
拍浮酒池中，
人生便無所求。
太白酒
萬里長江
哪能不彎
周顗和王導到
紀瞻家觀伎。
周顗酒後露其醜穢，
顏無作色。
你平日規規矩矩，
怎麼也會亂來？

長江萬里，
哪能不拐彎？
殷洪喬做了豫章太守，要去上任時，下人託付他一百多封信。
到了石頭渚，
他把信全丟入水中。
不作送書郵

沉者自沉，浮者自浮，
殷洪喬不能作送書郵。
不可一日無此君
王徽之有次暫時
借住人家的空屋，

在院子種一排竹子吧。
只是暫時借住，何必這麼麻煩呢？
我不能一天沒有這君子啊！
乘興而行
興盡而返
王徽之住山陰時，於雪夜喝酒吟詠，忽然間想到了戴逵。
開船吧，我要到剡縣拜訪戴逵。

走了一夜才到戴逵的門前，
但他卻不去敲門就又回頭了。
我們回去吧。
人家問他說：
既然到了，為何不進去見戴逵？
我本乘興而去，興盡了就回來，何必一定要見到戴逵呢？
桓伊吹笛
王徽之離開京都，人還在船中。過去他曾聽說桓伊擅吹笛，但並不相識。

馬車上的人就是桓伊。
去請他吹奏一曲。
桓伊當時官已做得很大了，
但他也久聞王徽之的大名，就下車爲他吹奏了三曲。
吹奏完畢就上車離去，主客兩人沒交談一句話。
阮籍胸中有壘塊
王恭問王忱說：
阮籍比起司馬相如如何？

他倆的才華和為人
處世大致相同，
但獨喝酒不同。
阮籍因胸中
有所不平，
所以要借酒
澆之。
酒
王蘊說：
酒使人自
我放逐。
王薈說：
酒，引人
入勝地。
酒
王忱說：
只要三天不喝酒，
便覺得形神不相親，
身心不一致。

王恭說：
阮籍心中有不平之火，所以要借酒澆之。
名士不需要有奇才，只要常得空痛飲酒，再熟讀《離騷》，便可稱名士。
鳳
嵇康和呂中悌相知，兩人爲了相見，趕千里路去找對方也不覺得遠。
有次呂中悌去訪嵇康，不在。嵇康的哥哥嵇喜出來接待。
呂中悌沒進去，在門上題一「鳳」字，便走了。
鳳

呂中悌剛才來找你，
他說我是「鳳」呢！
「鳳」字不正是凡鳥
兩個字構成的嗎？
他說你是凡鳥，
你還不自知呢！
對啊……
無勳受祿
晉元帝生下太子，
大宴群臣，
每人賜給一件禮物。

殷洪喬向元帝
致謝說：
皇子誕生，普天同慶，臣無功勞，卻辱蒙陛下厚賜。
這件事你豈能有半點兒功勞？
康僧淵眼睛深陷而鼻子高，
王導常常取笑他。
目深鼻高，真是畸形。
山高水深

鼻是臉之山，山不高則不靈。
目是面之淵，淵不深則不清。
狗洞自有狗出入
張玄之八歲換牙齒，兩顆門牙中間卻有一縫。
酒
大家都知道這小子不好惹，沒有人敢笑他的牙縫。

偏有不識相
的人笑他說：
你怎口中
開個狗洞？
這就是留給你
這種人出入的。
七月七日家家都曬衣物。
我曬腹中書

郝隆也在院子裡，
仰臥在地曬肚子。
你躺在太陽
底下幹什麼？
我在曬肚子
裡的經書啊！
顧愷之畫畫很絕，
做人也很絕，很多
行爲與常人很不同。
倒吃甘蔗

他吃甘蔗，總是先從不甜的蔗尾吃起……
為什麼要這樣吃法呢？
這樣的吃法愈吃愈甜，漸至佳境。
白頸烏
支道林到會稽去，見了王徽之兄弟。
王家弟子常講吳語，支道林卻聽不懂吳語。
!

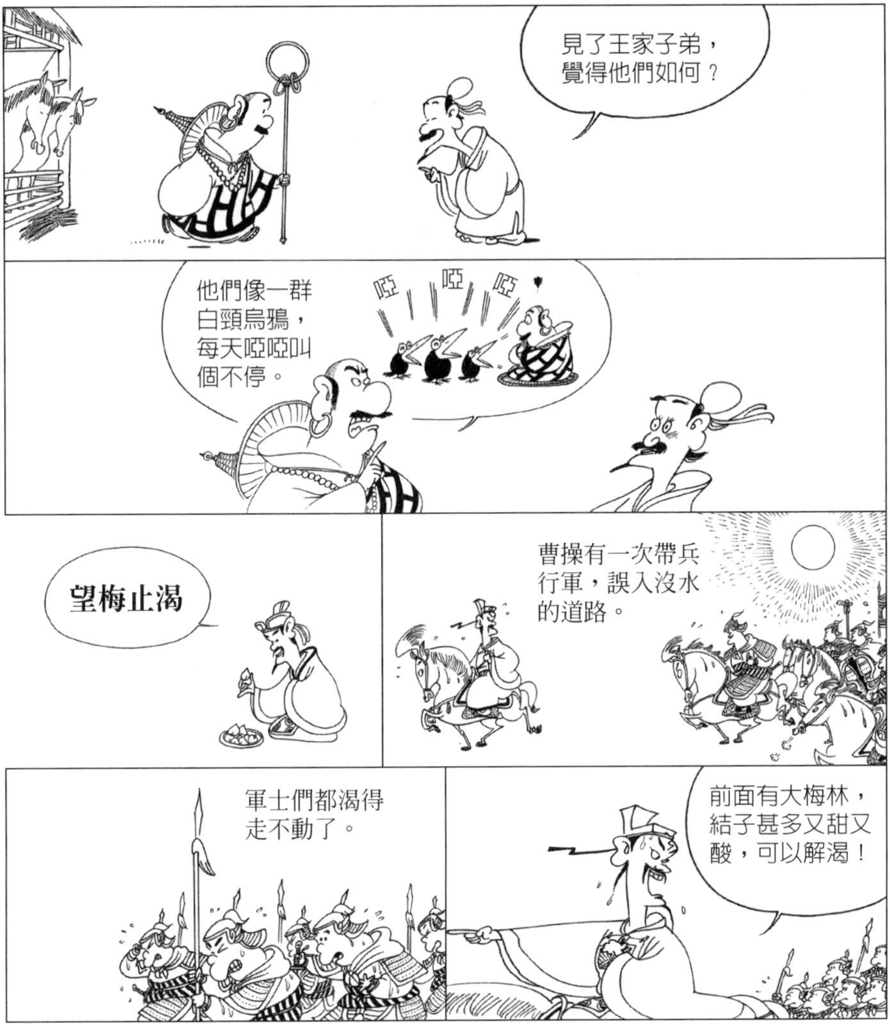
見了王家子弟，
覺得他們如何？
他們像一群白頭烏鴉，每天啞啞叫個不停。
啞 啞 啞
望梅止渴
曹操有一次帶兵行軍，誤入沒水的道路。
軍士們都渴得走不動了。
前面有大梅林，結子甚多又甜又酸，可以解渴！

梅子？
哇！口水都流出來了。
哇！
前面有酸梅子呢！
快走快走！
士兵們聽到梅子都流口水，就靠這句話的鼓舞，得以走到水源所在。
找到水源了。
啊！

假戲眞做
曹操怕左右會暗殺他，便常對人說：
如果有人想暗殺我，我的心就會有預感而跳動。

騙人的吧！哪會有這種事？
喂！你過來！
你身藏刀，假裝要暗殺我，我就說有預感，叫人把你抓起來。
你別說是我指使你做的，事成之後我必重重賞你。
好！
第二天……
唉呀！我有預感，有人要暗殺我！
不許動！
搜查他的身體！

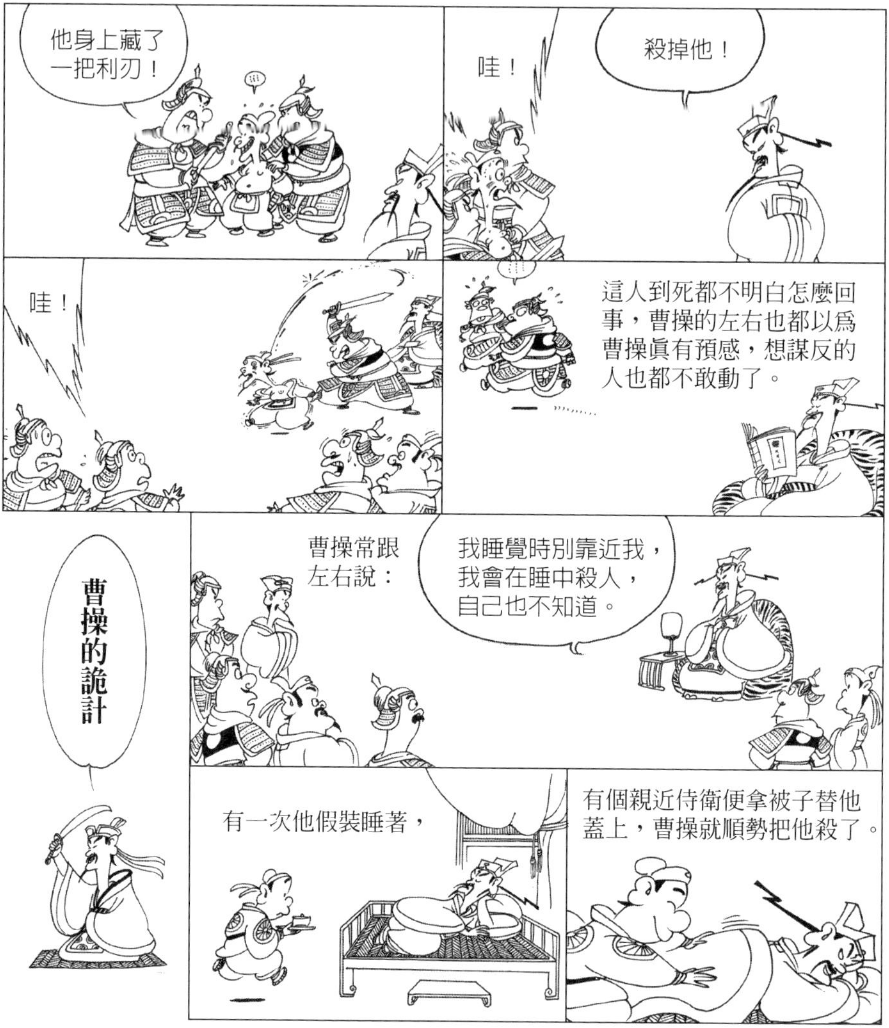
他身上藏了一把利刃！
哇！
殺掉他！
哇！
這人到死都不明白怎麼回事，曹操的左右也都以爲曹操眞有預感，想謀反的人也都不敢動了。
曹操的詭計
曹操常跟左右說：
我睡覺時別靠近我，我會在睡中殺人，自己也不知道。
有一次他假裝睡著，
有個親近侍衛便拿被子替他蓋上，曹操就順勢把他殺了。

從此每當他睡覺時，
左右都不敢靠近他。
桓溫帶兵入四川，
經過三峽時，有個
部下抓到一隻小猴
子，
母猴沿岸哀號，
跟了百餘里
還不肯離去。
肝腸寸斷

後來跳到船上，
撞死了。
剖開牠的肚子一看，
腸子都寸寸斷裂。
你滾下船去，我
不要有這種部下。
桓溫知道後，
非常生氣。
殷浩北征失敗，被廢爲庶民，
於是隱居東陳信安縣。
咄咄怪事

他在信安時，
整天對著空中寫字……
咄咄怪事
有人順著他的筆畫仔細看，才知他終日
所寫的只是「咄咄怪事」四個字。
王戎儉吝
王戎非常有錢，
但卻吝嗇無比。

他最大的興趣是和夫人兩人，用象牙籌碼晝夜不停地算計家產。
一次，他的侄兒結婚，王戎只送了一件單衣，
過不久，又把單衣要回來了。
王戎家有品種很好的李樹，
王戎有好李

等一等，李子出門
前要先處理一下。
他賣果子時，
惟恐別人得到種子，
就鑽破每一個果核。
王戎重錢輕女
王戎把女兒嫁給裴頠時，
曾借幾萬錢給女兒。

女兒每次回來，王戎都沒有好臉色。
爹，以前向您借的錢還給您。
嘻嘻嘻，最近好嗎？
女兒把錢還了，王戎的臉色立刻變笑臉。
美人行酒
石崇每次請客，都叫美人勸酒，若客人不肯乾杯，就叫家將把美人斬了。有次王導與王敦到石崇家中作客……

王導雖不善飲，
勉強自己喝，
以致大醉。
但王敦卻堅持不喝，石崇已經連殺三個美人了，王敦依然面不改色。
求王大將軍救救我，把酒喝了吧。
王敦，你就把酒乾了，不然他又要殺美人了。
他殺他自己家裡的美人關你什麼事？
人乳養豬
晉武帝曾到王濟家作客，食器全是琉璃器皿，百餘侍婢穿著綾羅端菜。

這道燕乳豬味道非常鮮美，做法如何？
這道菜是用人乳餵的小豬做的。
武帝聽了，心中非常不快，還未吃完即離席而去。
這道菜，連王愷、石崇家都不知道它的做法。
魏武殺妓
曹操有一個歌妓，聲音清越高揚，但性情卻十分粗暴……
抱歉！今天不想唱了！
可惡！
於是曹操另選了一百個女子，請人教她們唱歌。

這一百個女子中已經訓練出一個唱得跟妳一樣好的歌妓了。
啊！
妳永遠不必再唱了，殺掉她！
哇！饒命啊！
袁悅能說善道，口才很好，曾做過謝玄的參謀，他身上常帶著一本《戰國策》。
唯戰國策天下要物
少年時讀《論語》、《老子》……

又看《莊子》、
《易經》，這些
書統統沒有用。
戰國策
天下最重要的書就是
這本《戰國策》啦！
莊子
袁悅後來受會稽王重用，
常勸王專攬朝權，
王恭知道了，
就借罪殺了他。
賴其末不識其本
簡文帝第一次看到
田裡的稻子……
田裡種的
是什麼草？
那就是
稻子啊。

簡文帝回宮後，
思過三日……
豈有賴其末，
而不識其本。
真慚愧啊！
蟻動如牛鬥
殷仲堪的父親得了怪病，
身體虛弱怕驚動。
床下是不是
牛在打鬥？
不是呀，只是一
隻螞蟻爬過罷了。
床下螞蟻爬
動的聲音，
他都以爲是
牛在相鬥。

原來……
臣進退維谷，不知怎麼辦才好……
聽說有一位殷姓老人得了怕驚動的怪病。
孝武帝不知道此人是殷仲堪的父親……
有一年冬天，曹氏得病，高燒不退……
荀粲娶驃騎將軍曹洪的女兒爲妻，曹氏長得十分美麗，夫妻兩人十分相愛。
荀粲情深

荀粲便到庭中把
身子冷一冷……
娘子，我用身
體抱住妳，看
看高燒會不會
退。
沒……有
用的……
娘子……
娘子啊……
曹氏死後不久，
荀粲也死了，
亡時年二十九。

以色爲主
德不足稱
荀粲說：
女人兼具才德姿色的極少，有姿色的沒有才德……
有才德的又沒姿色……
所以才德與姿色兩者，應選有姿色的為主。
裴頠聽了說：
這是荀粲個人之見，別被這話耽誤了，娶妻不能以姿色為主。

骨肉相圖
桓玄與桓修是堂兄弟，但桓玄很看不起桓修，經常當眾羞辱他。
後來桓修知道桓玄將要篡位，想趁機報仇。
母親！等一下桓玄會來這裡看妳，我要利用這個機會襲擊他！
桓玄也是我撫養大的，他也視我如母，我不忍心看你們骨肉相殘啊……
好吧！報仇的事就算了。

蔡志忠作品

漫畫史記・世説新語

作者：蔡志忠
責任編輯：鄧芳喬　湯皓全
封面設計：陳俊言
美術編輯：何萍萍
校對：魏秋綢
法律顧問：全理法律事務所董安丹律師
出版者：大塊文化出版股份有限公司
台北市105南京東路四段25號11樓
www.locuspublishing.com

讀者服務專線：0800-006689
TEL：（02）87123898　FAX：（02）87123897
郵撥帳號：18955675　戶名：大塊文化出版股份有限公司

總經銷：大和書報圖書股份有限公司
地址：新北市新莊區五工五路2號
TEL：（02）89902588（代表號）　FAX：（02）22901658
製版：瑞豐實業股份有限公司

初版一刷：2013年12月
定價：新台幣300元
Printed in Taiwan
ISBN：978-986-213-478-8

漫畫史記.世說新語 / 蔡志忠作.
-- 初版. -- 臺北市 : 大塊文化, 2013.12
面 ; 公分. -- (漫畫中國經典系列)(蔡志忠作品)

ISBN 978-986-213-478-8(平裝)

1.史記 2.世說新語 3.漫畫

610.11 102022061